AF452057

COLLECTIONS

de feu M. H. M. de Bruyn de Neve Moll,
rector au gymnase de Zierikzee, de M. le
Conseiller privé L. Br. à Copenhague, et de
M. Dr. S. collectionneur Américain bien connu.

Iʳᵉ PARTIE.

Médailles et Monnaies ayant rapport
à la Révolution française, au Consulat
et à Napoléon I empereur. ♣ ♣ ♣ ♣ ♣
Médailles et Jetons artistiques et historiques. Médailles des Médecins. ♣ ♣ ♣
Pestilentia in Nummis. ♣ ♣ ♣ ♣ ♣ ♣

Vente le 23 SEPTEMBRE 1902 et jours
suivants, Chez l'Expert J. SCHULMAN,
KEIZERSGRACHT 448, AMSTERDAM.
Exposition 20, 21 et 22 Septembre de
10 à 4 heures. ▷ ▷ ▷ ▷ ▷ ▷ ▷ ▷ ▷

CATALOGUE

d'une collection fort remarquable de

MÉDAILLES ET MONNAIES,

ayant rapport à la Révolution Française, au Consulat et à l'empereur Napoléon I.

SÉRIE INTÉRESSANTE DE MÉDAILLES ET JETONS HISTORIQUES ET ARTISTIQUES, PLUSIEURS RARETÉS.

PESTILENTIA IN NUMMIS.

COLLECTION DE MÉDAILLES DES MÉDECINS, AYANT RAPPORT À LA MÉDECINE, AUX FAMINES AUX HOPITAUX, ÉPIDÉMIES, INONDATIONS ETC.

MÉREAUX ET MÉDAILLES VARIÉES

de feu M. H. M. de Bruyn de Neve Moll rector au Gymnase de Zierikzee,

de M. le Conseiller privé L. Br. à Copenhague,

et de M. Dr. S. collectionneur américain bien connu.

Dont la vente aura lieu, dans la Salle d'Exposition
KEIZERSGRACHT 448, AMSTERDAM.

le 22 Septembre et jours suivants,

SOUS LA DIRECTION

de l'Expert J. SCHULMAN.

EXPOSITION :

Samedi, Dimanche et Lundi 20, 21 et 22 Sept. de 10 à 4 heures.

Conditions de la Vente.

La vente de fera au comptant en Florins et Cents des Pays-Bas.

Les acquéreurs payeront 10% ensus des enchères, comme cela est de coutume en Hollande.

L'expert se charge gratuitement des ordres qu'on voudra bien lui confier.

La conservation des pièces est rigoureusement indiquée par **F.d.c.** fleur de coin, **t.b.c.** très bien conservé, **b.c.** bien conservé **a.b.c.** assez bien conservé.

Dans le cas où une contestation s'élève sur deux enchéres, l'objet sera remis immédiatement en vente.

l'Expert se réserve le droit de réunir ou de diviser les lots.

l'Authenticité des pièces est garantie, sauf indication contraire.

Veilingsvoorwaarden.

Alles wordt verkocht voor contant geld met een opgeld van 10 pCt.

Het gekochte zal afgehaald en betaald moeten worden na afloop van elke zitting.

De Expert belast zich kosteloos met het waarnemen der commissies.

De Expert behoudt zich het recht voor om nummers bij elkander te voegen of te splitsen.

In geval er kwestie ontstaat tusschen twee bieders, zal het nummer direct herveild worden.

De echtheid der stukken wordt gegarandeerd.

Ordre de la Vente.

Mardi 23 Septembre à 1 heure de l'après midi.

No. 1—313. République française. Consulat. Empire.

à 7 heures du soir.

No. 314—515. Médailles de l'Empire.

Mercredi 24 Septembre à 1 heure de l'après midi.

No. 516—836. Médailles de l'Empire.

à 7 heures du soir.

No. 837—1052. Médailles et monnaies.

Jeudi 25 Septembre à 1 heure de l'après midi.

No. 1053—1351. Médailles et Jetons historiques.

à 7 heures du soir.

No. 1352—1429c. Médailles historiques.
No. 1430—1563. Pestilentia in nummis.

Vendredi 26 Septembre à 1 heure de l'après midi.

No. 1564—1880. Pestilentia in nummis.
No. 1881—1927. Méreaux etc. armoires.

Médailles de l'époque ou ayant rapport à la Révolution française 1789-1796.

Notices d'après

Hennin. Histoire numismatique de la Révolution française, Paris 1826.

A. L. Millin, Histoire métallique de la révolution française, Paris 1806.

1 1789. **Prise de la Bastille.** Médaille de 1844 par Rogat. Avers : La prise de la Bastille. Rev. Le Donjon de Vincenne. Mm. 42. Br. Belle.

2 — **Prise de la Bastille.** Médaillon uniface en cuivre. Prise de la Bastille et du Gouverneur, plus grand que Hennin pl. 3 n. 25. Mm. 76 b.c. Coulé.

3 — **Prise de la Bastille.** Médaille en étain. Des militaires entrant la **Bastille.** Rev. **A la Gloire de la Nasion.** Hennin pl. 4 n. 30. Etain b.c. **Rare.**

4 — Petite médaille ou jeton en étain. Ouverture des Etats Généraux à **Versailles.** *Vive Louis XVI pour le Bonheur de son Peuple 1789.* Hennin pl. I n. 4. Mill. pl. I n. 2 t.b.c. Rare.

5 — Médaille maçonnique. Orient de Paris. **Des Amis de la Paix.** La Paix debout Rev. O ∴ DE PARIS 5789 en 3 lignes. Hennin pl. 12 n. 94. Mm. 28. Br. t.b.c.

6 1789. Médaille au buste à g. de **M. P. J. R. I. G. Motier M^{quis} de la Fayette,** major général dans les armées des Etats Unis d'Amérique etc. Méd. par Duvivier. Hennin pl. 5 n. 40. Millin pl. VIII.26. Br. t.b.c.

7 — Médaille au buste du général **La Fayette** à dr. commandant de la garde nationale parisienne en 1789. Rev. Légende en 10 lignes. *Objet tour à tour d'Idolatrie et de haine* etc. Hennin pl. 13 n. 104. Mm. 32. Br. t.b.c.

8 — Médaille au buste de **Jacques Necker** Génevois ; offerte à la nation par Duvivier. Hennin pl. 6 n. 44. Millin pl. IX n. 28. Br. t.b.c.

9 — **Louis XVI** à l'Hôtel de ville de Paris. Assemblée des Electeurs. Buste de **Louis XVI** à g. par Duvivier. Rev. LIBERTE ASSURÉE. H. pl. 5 n. 41. Mm. 45. Br. Belle.

10 1790. **Confédération des Français.** Médaille en bronze. Hennin pl. 17 n. 140. Millin pl. XIII n. 39. Mm. 41. t.b.c.

11 — Même médaille, frappe moderne. Belle. Br.

12 — Même médaille, plus petite. Hennin pl. 17 n. 142. Mm. 34. Br. t.b.c.

13 — **Fédération martiale.** Le temple de la Concorde. Rev. Deux mains jointes. **Le Patriotisme et la liberté nous ont réunis.** Hennin pl. 18 n. 152. Millin pl. XIV n. 45. Etain. Coulée. a.b.c.

14 1790. **Fédération martiale** tenue à **Lyon.** Médaille octogone portative. H. pl. 16 n. 133. M. pl. XIII.40. Ae. argenté.

15 — Pacte fédératif. Médaille ovale avec bélière. Des soldats jurant. Br. doré. Belle.

16 1791. Médaille au buste et en honneur de **Honoré Riquetti-Mirabeau.** Le *Demosthenes François*, par Galle. Hennin pl. 23.210. Mm. 35. b.c.

17 1792. *Aux Arts.* Lycée des Arts. Hennin pl. 38 n. 397. Ae. t.b.c.

18 1792. A la convention nationale par les artistes réunis de Lyon. Pièce d'essai fr. de pur métal de cloche. Hennin pl. 37 n. 387. Millin pl. XVII n. 66 b.c.

19 — **Franckfort sur Main** reprise sur les **Français.** Jeton allemand avec vue de la ville. Laiton Hennin pl. 37 n. 377. t.b.c.

20 — La Liberté assise à g. **Libre j'offre la paix,** à l'exergue, **L'an 4 de La Liberté.** Rev. Faisceau surmonté du bonnet de la liberté dans une couronne de chêne. Avers de Hennin pl. 43 n. 455. Revers, le droit de pl. 43 n. 456. Br. t b.c. Rare.

21 — Médaille offerte à **J. B. Réveillon** pour services rendus à l'art de la papetrie. Buste de **Louis XVI** à dr. par Duvivier. Rev. Légende en 15 lignes, pl. 33 n. 354. Mm. 74. Br. Belle.

22 1793. La République une et indivisible. Médaille à la Liberté assise à g. par Duvivier. Rev. Legende. Hennin pl. 51 n. 526. Millin pl. XXI n. 85. Br. t.b.c.

23 — Belle médaille en argent au buste de **Louis XVI** à dr. Rev. Buste de **Marie Antoinette** à g. par Duvivier. Mm. 41. Ar. Belle Rare.

24 — **Louis XVI** décapité. Petite médaille en argent. **Pleurés et vengés le** pl. 45 n. 469. Ar. Belle.

25 — **Louis XVI** décapité. Petite médaille en étain au buste du roi à g. Rev. Légende CUNCTIS ILLE BONIS FLEBILIS OCCIDIT Hennin pl. 46 n. 474. Etain t.b.c.

26 — **Louis XVII.** Buste à g. Rev. XXI JANUARII MDCCLXXXXIII manque à Hennin. Mm. 40. Br. t.b.c.

27 — Petite médaille au buste à dr. de **Mar. Anne Charlotte Corday d'Armand.** Rev. Dans une couronne *Bien méritée* pl. 49 n. 514. Ae t.b.c.

28 1793. Mort de **Louis XVI,** médaille allemande en étain au buste à g. Rev. La Guillotine pl. 45 n. 466. Mm. 45 t.b.c.

29 — **Mort de Louis XVI.** Jeton H pl. 46 n. 481. Ae.

30 — **Marie Antoinette** décapitée. Médaille en argent au buste voilé à g. Rev. *Seconde victime d'un peuple régicide.* Hennin pl. 52 n. 559. Ar. Belle.

31 — **Marie Antoinette** décapitée. *J'Accuse, Je Juge, J'Extermine,* par Loos. Hennin pl. 52 n. 536. Ar. Belle.

32 — Siège de **Mayence.** Billet de 3 Livres „*Monnoye de Siège*" Papier t.b.c.

33 — Prise de **Valenciennes** par **Frédéric** duc de **York.** Buste du duc à g. HIS ROYAL HIGHs FREDᴋ DUKE OF YORK. Rev. Lég. en 5 lignes, pl. 50 n. 524. Mm. 38. Etain. t.b.c. Rare.

34 — Consécration de l'église luthérienne à **Amsterdam.** v. Loon Suppl. 811. Ar. gr. 18. Belle.

35 — **Guillaume VI** prince héréditaire de **Nassau-Orange,** reçoit le commandement de la Hollande méridionale. v. Loon Suppl. 809ʙ. Ar. Belle.

36 — Délivrance de la ville de **Mayence** du joug français. MAINZ VON DEN FRANZOSEN BEFREIET. Méd. au buste de **Friedr. Wilhelm II,** roi de Prusse, à dr. par Loos H. pl. 50 n. 522. Mm. 37. Ar. t.b c.

37   — Les otages du sultan **Tippoo Sahib** reçu par le marquis de Cornwallis général anglais. Buste du Marquis à g. par Küchler. Rev. Réception des otages. Mm. 48. Ar. t.b.c. Rare.

38   — Mort de **Louis XVI** et de **Marie Antoinette**. Leurs bustes accolés à dr. Rev. DER UNSTERBLICHKEIT etc. en deux lignes. H. pl. 53 n. 546. Mm. 43. Etain. t.b.c.

39   1794. Médaille portative uniface aux bustes de **Maxim Robespierre** et de **Cécile Renard** en médaillons. *J'ai voulu voir comment était fait un tiran.* Médaille dorée dans un cadre en étain. Hennin pl. 63 n. 637.

40   — Mort d'**Elisabeth de France**, soeur de **Louis XVI**. *Ces loups sans s'émouvoir* etc. pl. 61 n. 621. Ar. Belle.

41   — Médaille en étain au buste de **Charles, Marquis Cornwallis** à dr. Rev. La Victoire entre des trophées d'armes. AB ORIENTE AD OCCA-SUM. Mm. 38. Etain. t.b.c. Rare.

42   — Penny au buste du marquis de Cornwallis à g. Rev. La Renommée, sur la tranche. *Value one Penny at P. Decks.* **Post Office.** *Bury 1794.* Ae.

43   — Siége de **Maastricht**. Obsidionale de 100 Sous. Mailliet pl. 64 n. 640. Ar. t.b.c.

44   — Défaite de la flotte française par l'amiral anglais **Howe**. Son buste à dr. Rev. Vue du combat naval. pl. 61 n. 624. Mm. 48. Br. t.b.c. Rare.

45   — Défaite de la flotte française. Buste de l'amiral **Earl Howe** à g. Rev. Trophée *Memoral Victory June I.* Médaille de 1799. pl. 61 n. 625. Mm. 38. Br. Belle. Rare.

46   1794. Défaite de la flotte française. Buste à dr. *Earl Howe Adm¹ of The White,* par Wyon. Rev. Neptune dans son char *French fleet defeated off Ushant.* Manque à Hennin Mm. 40. Etain t.b.c. Très rare.

47   — Défaite de la flotte française. Buste de l'amiral **Howe** entouré de branches de laurier à g. Rev. Légende en 4 lignes. *The memorable victory gained over the French fleet.* Mm. 35. Etain. Belle, manque à Hennin.

47a (1794). Plaquette uniface en étain, aux bustes en médaillons en regard de **Robespierre** et **Cécile Renart**. Mm. 53. Etain vernissé. Curieuse.

48   1795. **Conseil des Cinq-Cents.** *Constitution de l'an trois.* Médaille octogone *Représ du peup. l'an V* pl. 78 n. 790, frappe post. Br. Belle.

49   — Mort de **Louis XVII.** Petite médaille au buste à g. *Redevenu libre le 8 Juin 1795,* pl. 66 n. 664. Ar. Belle.

50   — Mort de **Louis XVII.** CECIDIT UT FLOS manque à Hennin. Mm. 40. Br. t.b.c.

51   1795. La flotte française détruite par l'amiral **A. A. Hood** *Lord* **Bridport** près du fort **L'Orient.** Son buste à dr. Rev. La Victoire tenant une couronne et des drapeaux, vue des deux flottes *Off fort L'Orient & close to the French shore & Batteries with 22 Ships attacked & defeated the French fleet of 32 Ships.* Belle médaille en bronze. Mm. 48. Très rare.

52   S.d. Jeton octogone à la tête d'**Aesculape** à dr. Compagnie des Eaux Thermales de Vichy. Ar. Belle.

4

Médailles de l'époque et ayant rapport au Consulat et à l'Empire français, depuis 1796.

Notices d'après Millin. Medallic History of Napoleon 1796—1815.
Hennin. Histoire numismatique de la Révolution française, Paris 1826.
Nahuys. Histoire numismatique du royaume de Hollande.

———————

53 1796. **Bataille de Montenotte**, première victoire de l'armée en Italie. M. pl. IV n. 1, par Gayrard et Jeuffroy. Hennin pl. 75 n. 731. Mm. 41. Bronze. t.b.c.

54 — Même médaille. Br. argenté. t.b.c.

55 — Même médaille en étain. Originale. t.b.c.

56 — **Bataille de Millésimo. Combat de Dégo.** Var. de M. pl. I n. 2 avec BONA-PARTE GENERAL EN CHEF sur la tranche, coin brisé. Mm. 43 par Lavy. Hennin pl. 73 n. 732. Br. t.b.c. **Rare.**

57 — La même médaille, comme pl. I n 2 sans inscription sur tranche H. pl. 73 n. 734. Mm. 43. Br. t.b.c.

58 — **Passage du Po, de l'Adda et du Mincio** avec BONAPARTE GENE-RAL EN CHEF sur la tranche. Var. de M. pl. II n. 3. H. pl. 73 n. 736. Mm. 43. Br. t.b.c. rare.

59 — **Bataille de Castiglione. Combat de Peschiera,** par Lavy. M. pl. I n. 4. H. pl. 74 n. 744. Mm. 43. Br. Belle.

60 — Même médaille, frappe moderne. Br. Belle.

61 — Buonoparte général en chef de la brave armée d'Italie. Rev. La France assise, dessous 1796. Jeton en laiton. Hennin pl. 76 n. 767 et 768. **2 ps.**

62 — Même jeton en étain. Beau.

63 — Même jeton variété avec IETTON et la date 1797 à l'exergue. Rev. de pl. LXI n. 383. Ae. t.b.c.

64 — Médaille octogone en argent de la Société pharmaceutique parisienne au buste de la Hygicia, par Barre. Belle.

65 — Petit jeton en laiton au buste de **Buonaparte** à dr. „*Les Fruits de ses actions*". H. pl. 76 n. 763. M. pl. IV n. 16. t.b.c.

66 — Même jeton. H. pl. 76 n. 765. Ae. t.b.c.

67 — **République Batave.** Lourens Jouckens à Enkhuyse tire fl 30.000 dans une lotterie américaine. Médaille gravée sur un Ducaton hollandais dans un cadre perlé. Ar. Belle.

68. — Combat naval entre les **Anglais** et les **Français** près de **Helvoetsluis.** Buste du capitaine Sir **Henry Trollope** à dr. Rev. Les six frégates françaises poursuivies d'un vaisseau anglais, à l'exergue HELVÖET-SLUYS. v. Loon Suppl. 838. Mm. 49. Étain. t.b.c. fort rare, manque à Millin et à Hennin. *Voir la gravure.*

69 1797. **Capitulation de Mantoue** avec BONAPARTE GENERAL EN CHEF sur la tranche. Médaille par Lavy. Cpz. pl. I n. 5, H. pl. 78 n. 783. Mm. 43. Br. t.b.c. Rare.

70 - Même médaille, sans inscription sur tranche, pl. I n. 5. Mm. 43. Br. Belle.

71 — Capitulation de **Mantoue.** VIRGILIUS MARO M pl. IV n. 6. H pl. 78 n. 782 Mm. 35. Br. Belle.

72 — **Passage du Tagliamento—Prise de Trieste** M pl. III n. 7 par Lavy Mm. 43. H. pl. 78 n. 707. Br. Belle.

73 — **Paix de Campo Formio.** Belle médaille au buste de Bonaparte à dr. par Duvivier H pl. 81 n. 811. M pl. V n. 8. Mm. 56. Br. t.b.c.

74 1797. **La République Cisalpine.** Belle médaille par Manfredini au buste de **Napoleon Bonaparte** à dr. Rev. La République assise à g. H pl. 79 n. 792. M pl. III n. 11. Mm. 63. Belle et rare.

75 — Prise du **Château de Broletto.** Belle médaille avec vue des troupes entrant le château. Rev. EPOCA DELLA LIBERTA BRESCIANA par *Salvirch* M. pl. LXI n. 381. Mm. 63. Br. Belle Rare.

76 **La république Cisalpine aux généraux Napoléon Bonaparte et Guillaume Faipoult.** Buste de Napoléon à g. Rev. Buste de Faipoult à g. par Vassallo. M pl. IV n. 12. H pl. 78 n. 791. Mm. 50. Br. Rare t.b.c.

77 — **La république Cisalpine** fondée, fédération célébrée à **Milan.** Buste de **Napoléon Bonaparte** à g. par *Vassallo.* ALL' ITALICO. Rev. La France, la Paix et l'Insubria personifiées debout. H pl. 79 n. 793, M pl. V n. 14. Mm. 48. Argent. Belle et rare.

78 — La même médaille en bronze t.b.c.

79 — Médaille fr. à **Strassbourg** en honneur de **Bonaparte.** Buste de Napoléon Bonaparte à g. ITALICUS. Rev. Lég. en 8 lignes ALEXAND (sic) BVONAPARTE etc. H pl. 81 n. 814, M. pl. XXXVIII n. 14*. Mm. 40 Etain t.b.c. Rare.

80 — Médaille de l'Ecole française au buste à dr. de **Nicolas Poussin** peintre français par *Dumarest* H pl. 79 n. 796. Mm. 56. Br. Belle.

81 — **Combat naval de Kamperduin** entre les flottes hollandaises et anglaises. Buste de l'amiral anglais **Lord Duncan** à dr. ADAM LORD VISCOUNT DUNCAN ADMIRAL OF THE WHITE dessous BORN JULY 1731. Rev. Mât de vaisseau avec pavillon anglais, dessus en 2 lignes. *October II 1797, with 24 ships & 1198 guns, defeated the Dutch fleet of 26 ships & 1259 guns, 9 ships & 592 guns taken,* par Hancock. Manque à van Loon. Suppl. Mm. 49, Etain Belle, fort rare.
Voir la gravure.

82 — **Combat naval de Kamperduin.** Buste de l'amiral anglais **Lord Duncan of Camperdown** presque de face Dutch fleet defeat^d v. Loon Suppl. 843. Mm. 38. Br. t.b.c. Rare.

83 — La même médaille en étain. Belle et rare.

84 — **Combat naval de Kamperduin.** Buste de l'amiral **Duncan** de face tourné à dr. ADMIRAL DUNCAN. Rev. Légende en 13 lignes STRUCK—IN HONOR OF—ADMIRAL DUNCAN—WHO DEFEATED THE—DUTCH FLEET—OCTOBER II, 1797—AND—IN—IMMORTAL—REMEMBRANCE—OF THE BRAVE—MEN WHO FELL—IN THE—ACTION. Manque à van Loon. Mm. 37. Ac. Belle et fort rare.
Voir la gravure.

85 1797. **Combat naval de Kamperduin.** Belle médaille au buste de **Sir Richard Onslow Bart Admiral of the Blue** à g. Rev. Vue du vaisseau

„The Monarch" attaquant la flotte hollandaise, dessous IN THE MO-
NARCH . OF . 74 GUNS — BROKE THE REAR OF . THE — DUTCH
LINE & TOOK THE — ADMIRALs SHIP. v. Loon Suppl. 844, par
Hancock. Mm. 49. Br. Belle. Rare.   *Voir la gravure.*

86 1797. **Défaite de la flotte espagnole** près du cap **St. Vincent.** Buste
de **John Jervis Earl of St. Vincent** amiral anglais à g. Rev. Vue du
combat naval. Méd. par Hancock. Mm. 49. Br. Belle.

87 — **Défaite de la flotte espagnole.** Buste du **Earl St. Vincent**
presque de face. Rev. **Valour Rewarded.** Deux génies tiennent le
pavillon anglais. Mm. 38. Br. t.b.c. Rare.

88 — Médaille militaire au buste de **François II,** empereur **d'Autriche.**
Den Biederen Soehnen Oesterreichs des Landesvaters Dank. Ar. t.b.c.

89 — **République Batave.** Méreau d'entrée au jardin botanique à Amsterdam du médecin *J. Rubenkoning. 1797.* Mm. 50. Ae. t.b.c.

90 1798. **République Romaine fondée** lég. italienne. M. pl. LXV n. 388.
H. pl. 90 n. 881. Mm. 38. Br. Belle frappe post.

91 — **Conquête de la Basse Egypte.** Le Nil couché. M. pl. VI n. 18.
H. pl. 85 n. 850, par Brenet. Mm 33. Br. Belle.

92 — **Débarquement de l'armée française à Alexandrie.** Médaille
anglaise au buste de **Bonaparte** à g. Rev. LANDED AT ALEXAN-
DRIA etc. H. pl. 85 n. 847. M. pl. LXII n. 386. Mm. 38. Br. t.b.c. Rare.

93 — **Conquête de la Haute Egypte.** Méd. par Galle à la tête d'Isis.
Rev. Un crocodile enchaîné à un palmier. H. pl. 91 n. 896. M. pl. VI
n. 19. Mm. 35. Br. Belle.

94 — **L'Egypte conquise.** Belle médaille par Jouannin au buste couronné
de **Bonaparte** de face. M. pl. VII n. 20. H. pl. 89 n. 879. Mm. 41.
Br. Belle.

95 — **Siége de Mantoue.** Un Soldo di Milan, obsidional, M. pl. LXXIII
n. 390. Métal de cloche t.b.c.

96 — **Napoléon en Egypte.** Buste de **Bonaparte** à dr. Rev. Bonaparte à
cheval haranguant les troupes *Soldats du haut de ces pyramides, 40
siècles nous contemplent,* par Bovy. Mm. 41. Br. fr. post.

97 — Jeton octogone de la **Société de médecine de Bordeaux,** 6 Juin
1798 à la tête de Hippocrates, par Farochon en 1853. Ar. Beau.

98 — **Victoire de la flotte anglaise sur le Nil.** Buste de Nelson
en médaillon tenu par la Victoire. *Rear admiral Lord Nelson of the
Nile.* Rev. Vue des flottes, sur la tranche. *A tribute from Alexr Davison
Esq. St. Jamess Square.* H. pl. 86 n. 852 Méd. par Küchler. Mm. 48.
Br. Belle.

99 — **Défaite de la flotte française sur le Nil.** Buste de **Lord Nelson**
de face tourné à dr. Rev. Le combat naval H. pl. 86 n. 854. Mm. 38.
Ae b.c. Rare.

100 — La même médaille, variété avec le buste de **Nelson,** tourné à g.
pl. 86 n. 853. Mm. 38. Ae b.c et très rare.

101 — **Défaite de la flotte française sur le Nil** IN HOC SIGNO VINCES
les armoiries d'Angleterre sur un ancre, dessus un soleil brillant. Rev.
Victoire assise près d'un pyramide tenant un médaillon au buste de
Nelson. à l'exergue **Victory of The Nile Aug. I 1798,** H. pl. 86 n.
857. Méd. par Wyon. Mm. 38 Br. Belle. Rare.

102 — **Victoire sur le Nil.** Jeton au buste de **Nelson.** *praefectus clas-
sis anglicae* H. pl. 86 n. 856, étain t.b.c.

103 — **Défaite de l'Escadre de Brest sur les côtes d'Irlande.**

Médaille au buste du contre amiral **Sir Warren** presque de face. Rev.
Deux vaisseaux THE SISTER COUNTRY AGAIN RESCUED FROM
INVASION à l'exergue BREST SQUADRON DEFEATD—OFF TORY
ISLAND—OCTOBER 12 1798, H. pl. 88 n. 872. Mm. 38 Br. t.b.c. Rare.

104 1798. **Défaite de l'Escadre de Brest.** Buste de l'amiral **Sir Warren**
à dr. Rev. La Victoire jouant la harpe et vue des flottes. *Attacked &
defeated the French Squadron on the coast of Irelad* (sic) méd. par
Hancock, manque à Hennin. Mm. 49. Br. Belle et fort rare.

105 1799. **Arrivée de Bonaparte à Fréjus.** Des vaisseaux en pleine voile
poursuivis de vaisseaux anglais. H. pl. 95 n. 921, M. pl. XXV n 21.
Mm. 33. Ar. Belle.

106 — Même médaille en bronze. Belle.

107 **Arrivée de Bonaparte à Fréjus.** *Le héros rendu à sa patrie.*
Jeton en étain. M pl. XXXVIII n. 21, H. pl. 95 n. 922. Beau. Rare.

108 — **Répulsion de Bonaparte de St. Jean'd'Acre par Sr. W. Sydney
Smith.** Capitaine du vaisseau de guerre le Tigre. Buste du capitaine
tourné à dr. Rev. L'attaque sur St. Jean d'Acre. *Repulsed Buonaparte
in 11 attacks made by Him on Acre 1799.* Mm. 38 Br. doré H. pl. 91
n. 888 t.b.c. et fort rare.

109 — La même médaille en étain. Très belle.

110 — **Répulsion de Bonaparte et levée du siège de St. Jean d'Acre.**
Buste de **Sir William Sidney Smith K. S. of Sweden** à g. Rev.
Bonaparte repulsed and siege of 'Acre raised 20 May 1799. Les armoi-
ries d'Acre sous un palmier tenues par un indigène et vue de la ville.
Belle médaille par Hancock. Mm. 49. Br. fort rare.

111 — **Répulsion de Bonaparte,** défense de **St. Jean d'Arce, la Syrie
sauvée.** Buste de l'amiral **Sir S. Smith** à g. Rev. Un chameau et un
lion, sur un rocher un tigre, par Mills et Brenet. Mm. 41. Br. Belle
manque à Hennin. Rare.   *Voir la gravure.*

112 — Même médaille en étain. Belle et rare.

113 — Prise de **Seringapatam.** Médaille au buste à g. de **Marq^s Wel-
lesley, Govr and Capt.-Genl of India,** par Mills et Brenet. Mm. 41.
Br. Belle Rare.

114 — Prise de **den Helder** par la flotte anglaise. Buste de **Sir Ralph
Abercrombie** lieutenant-général à g. Rev. LANDED IN HOLLAND
& TOOK HELDER POINT AUG. 27 1799. Vue de den Helder. v. Loon
Suppl. 848. Mm. 40. Br. Belle et fort rare.   *Voir la gravure.*

115 — La même médaille en étain. Extrêmement rare.

116 — Victoires des flottes anglaises. Médaille en honneur de **Earl Spen-
cer first Lord of the Admiralty.** Son buste à g. par Wyon. Rev.
La Renommée. *Under wise counsels the British navy triumphs.* Mm. 38.
Br. Belle. Rare.

117 — **Ferdinand IV,** roi des **Deux Siciles** restauré sur son trône par
les Anglais. Buste du roi à dr. Rev. Vue d'un vaisseau dans la baie de
Naples en haut médaillon au buste de **Nelson,** à l'exergue, lég. italienne
en 6 lignes. Mm. 49. Br. Belle, fort rare.

118 — **Conseil des anciens.** Médaille ovale. **République française,**
faisceau surmonté d'un bonnet de liberté, à l'exergue. **Représentant
du peuple l'an VII.** Rev. Sur une table de loi *constitution de l'an
trois,* à l'entour, **conseil des anciens.** H. pl. 90 n. 884. Mm. 46/56. Br.
Belle. Rare.

119 — **Commission du conseil des Anciens.** Jeton octogone LOI DU
19 BRUMAIRE AN VIII. Hennin pl. 95 n. 826. Ae argenté. Beau.

120 1800. **Passage du St. Bernard.—Bataille de Marengo.** Belle médaille par Dubois M. pl. VII n. 23. Mm. 41. Br. t.b.c.

121 — **Bataille de Marengo.** *Enfans rappelez—vous que mon habitude est de coucher sur le champ de bataille* pl. VIII n. 25. Mm. 56. Br. t.b.c.

122 — **Bataille de Marengo.** Belle médaille au buste de **Bonaparte** à g. par Lavy. Rev. Hercule donnant la main à l'Italie, sur un trophée HOSTIBVS PROPE MARENGVM FVSIS pl. VII n. 24. Mm. 53 Ar. gr. 73. Rare.   *Voir la gravure.*

123 — La même médaille en bronze t.b.c.

124 — **Bataille de Marengo,** le général **Desaix** blessé à mort, pl. VIII n. 26. Mm. 50. Br. t.b.c.

125 — **Général Desaix.** Son buste à g. par Caunois. Mm. 41. Br. Belle.

126 — **La place Bellecour** à Lyon rétablie par Bonaparte, pl. IX n. 31, var. de gravure, par Chavanne. Mm. 43. Br. t.b.c. fut trouée.

127 — **La place Bellecour** à Lyon rétablie, médaille à la tête de Bonaparte à g. par Mercié. Rev. Légende en 13 lignes, pl. IX n. 32. Mm. 45. Br. t.b.c. Rare.

128 — **Colonne Départementale.** Le département de la Seine à ses braves. Médaille aux bustes superposés des trois consuls à dr. par Gatteaux, pl. IX n. 28. Mm. 60. Br. Belle.

129 — **Colonne Départementale.** La même médaille, variété de gravure, les caractères plus petites et la date au revers M·DCCL·XXXIX. Belle.

130 — **Colonne Nationale.** Belle médaille par Duvivier au buste de Bonaparte à dr. pl. IX n. 29. Mm. 56. Br. Belle.

131 — **Colonne Nationale,** première pierre posée par Lucien Bonaparte, pl. IX n. 30. Mm. 42. Argent. Belle. Rare.

132 — La même médaille en bronze, belle.

133 — **Fondation du Quai Desaix** „A la mémoire du Général tué à Maringo, pl. VIII n. 27. Mm. 42. Br. Belle. Rare.

134 — **Colonne Départementale à Lyon.** „Aux braves du dép. du Rhône". Petite médaille en bronze. pl. X n. 33. Mm. 33. Belle.

135 — **Translation des cendres de Turenne.** pl. XI. 34. Mm. 50. Br. t.b.c.

136 — Expédition des découvertes, les corvettes, le Géographe et le Naturaliste, commandées par le captaine Baudin. pl. VIII n. 38. Mm. 38. Br. t b.c.

137 — **Attentat à la vie de Bonaparte.** *„Amis ce n'est pas à moi qu'il faut venir* etc. pl. XIV n. 35 par August. Mm. 50. Br. t.b.c.

138 — Jeton octogone de la **Banque de France.** pl. VI n. 172. Ar. Beau.

139 — Médaille octogone du **Corps Législatif.** var. de pl. VI n. 165, au revers CORPS — LÉGISLATIF au lieu de TRIBUNAT par Gatteaux. Mm. 38/48. Br. t.b.c.

140 — Plaquette uniface en argent. Buste de Bonaparte en uniforme à g. signé Laroque. BONAPARTE PREMIER CONSUL DE LA REPUBLI- QUE FRANÇAISE, L'AN VIII. Mm. 66. Belle pièce intéressante.   *Voir la gravure.*

141 — Plaquette en plomb en mémoire de la **Bataille de Marengo,** par Andrieu. Mm. 68. t.b.c. Uniface.

142 — Retour de l'amiral **Lord Nelson** en Angleterre. Buste de l'amiral à g. Rev. *Hail! Virtuous Hero* etc. Mm. 38. Br. Belle. Rare.

143 — **Attentat** contre la vie du roi **George II d'Angleterre.** *God save the King.* Rev. Preserved from assassination. Mm. 38. Br. Belle rare.

144 1800. Médaille au buste à dr. de l'électeur **Maximilien Joseph** de **Bavière** *Max Joseph Churfürst zu Pfalzbaiern* Rev. Dans une couronne de laurier. *Lohn des Fleisses.* Mm. 35. Ar. Belle Rare.

145 — Médaille allemande. *Es ist noch nicht entschieden.* Rev. Commémoration de la **révolution** en **France**, de la guerre en **Italie**, en **Egypte** etc. *Das Jahr 1800 Europa den Frieden.* Mm. 43. Etain. Belle. Rare.

146 — **République Batave.** Méreau d'entrée dans le jardin botanique à Amsterdam pour le médecin **J. Schuur.** Mm. 50. Ae. t b.c.

147 — Médaille par Loos en mémoire du nouveau siècle. *Wünsch zum neunzehnten Jahrhundert.* Mm. 37. Ar. Belle.

148 1801. Le nouveau siècle. Médaille par Loos. Le mort au dessus d'un château détruit. *Dem scheidenden und kommenden Jahrhundert 1801.* Mm. 38. Ar. Belle.

149 — **Paix de Lunéville.** Préliminaires entre la **Grande Bretagne** et la **France.** pl. XV n. 50. v. Loon Suppl. 864. Mm. 38. Br. Belle. post.

150 — **Paix de Lunéville.** Jeton anglais. Ae. b.c.

151 — **Paix de Lunéville.** Buste de **Bonaparte** à dr. par Andrieu. Rev. La Paix debout. pl. XII n. 41. Var. de v. Loon Suppl. 873, la lég. de l'avers commence en bas. Mm. 42. Ar. Belle.

152 — Même médaille en bronze. Belle.

153 — Même médaille, variété de pl. XII n. 41, la légende ne commence pas en bas, mais à gauche du buste, le mot RÉPUBLIQUE est placé sous le buste, comme v. Loon Suppl. 873. Mm. 42. Br. t.b.c. Rare.

154 — **Paix de Lunéville.** Buste de Bonaparte à g. par Droz. Rev. BONHEUR AU CONTINENT, pl. XI n. 42. v. Loon Suppl. 871. Mm. 55. Br. Belle.

155 — **Paix de Lunéville.** Jeton allemand. *Zum Andenken des Frieden.* Ae. a.b.c.

156 — **Paix de Lunéville** entre la **France** et la **Russie.** ALEXANDRE I. EMPEREUR DE RUSSIE. pl. LXII.397. Mm. 29. Br. Belle. Rare.

157 — Médaille au buste d'**Alexandre I de Russie** à d. ALEXANDER I SELBSTHERRSCHER ALLER REUSSEN, par Abramson. Mm. 35. Ar. Belle.

158 — **Paix de Lunéville.** Buste de Bonaparte à dr. Rev. HEROI BELLI PACISQUE — MDCCCI. pl. XI n. 43. Mm. 43. Etain. Belle Rare.

159 — Même médaille en argent. t.b.c. Rare.

160 — **Paix de Lunéville.** Médaille allemande par Reich. VON GALLIENS U. DEUTSCHLANDS FRIDENS SCHLUSZ. L'Allemagne, la France et la Paix debout. Mm. 43. Etain. Belle et rare.

161 — **Paix de Lunéville.** Buste de **Bonaparte** à dr. Rev. en 7 lignes. *Sagesse dans les conseils et courage dans les combats. MDCCCI.* pl. XV n. 45. Etain. t.b.c.

162 — **Paix de Lunéville** entre l'**Autriche** et la **France**; petite médaille allemande. DEM ZWISCHEN . S. K. K. MAI. FRANZ II etc. pl. LXII n. 396. Ar. Belle.

163 — **Paix de Lunéville.** Médaille portative en étain. BONAPARTE Iᴵᴱᴿ CONSUL. Buste à g. Rev. En 8 lignes dans une couronne de laurier. PAIX DE LUNEVILLE ENTRE LA FRANCE ET L'EMPIRE ACCEPTEE A PARIS LE 28 NIVOS, AN 9 DE LA REP. Mm. 42. t.b.c. fort rare.

164 — **Paix de Lunéville.** Buste de **Bonaparte** premier consul à g. par

Duvivier. Rev. LA FRANCE VICTORIEUSE. La Paix debout entre quatre fleuves. PAIX CONTINENTALE A LUNEVILLE AN 9. pl. XII n. 40. Mm. 57. Ar. Belle et rare. *Voir la gravure.*

165 1801. Construction du **Pont de Dourdant**. pl. X.39 par Tiolier. Mm. 42. Br. t.b c.

166 — Visite du roi et de la reine d'**Etrurie** à **Paris**. pl. XI n. 133. Mm. 34. Ae. t.b.c.

167 — La même médaille en étain. Belle.

168 — Essai de **Gengembre** au buste de **Lavoisier**. pl. IV n. 186, sur la tranche A LA PATRIE AUX SCIENCES. Ae. Belle.

169 — Jeton octogone. **Agent de Commerce**. *Bourse de Paris*. Vaisseau en voile. pl. XXIV n. 176. Ar. Beau. Rare.

170 — Jeton. La Justice debout. SOCIETATIS PRÆSIDIVM. Rev. Lion portant les tables de la loi. LOIX. Ar. Beau.

171 — **Arrivée de l'armée anglaise en Egypte**. Buste du lieut.-général Sir **R. Abercromby** de face tourné à g. Rev. Cheval libre. Mm. 41. Br. Belle. Rare.

172 — Même médaille en étain. t.b.c. Rare.

173 — **Délivrance de l'Egypte**. Buste du Major-Général Lord Hutchinson à g. par Webb. Rev. Le général donnant une lettre à un Africain. Mm. 41 Br. Belle. Rare.

174 — Victoire des **Anglais** sur les **Français**. Sir **Ralph Abercrombie** blessé à mort. Buste du lieutenant-général à g. Rev. Tombeau funèbre. Mm. 40. Br. Belle.

175 — Victoire des **Anglais** sur les **Français**. Son buste en bonnet à g. portant un monocle. Mm. 40. Br. t.b c.

176 — **Passage du Sont** par la flotte anglaise et destruction de la **flotte danoise**. Médaille aux bustes de **Parker** et **Nelson** en médaillon. Rev Le passage du Sont. *Passed the Sound and Defeated y. Danish fleet Mar. 30.* Mm. 39. Br. Belle, fort rare.

176a — **Prise de Copenhague**. FIEDENS OVERMAGT TIL BAGEDREVEN. Guerrier combattant un monstre, à l'exergue. KIOBENHAVN—D. 2 APRIL 1801. Rev. La Justice assise donnant l'épée à un guerrier. GUD OG DEN RETFÆRDIGE SAG par Loos. Mm. 39. Ar. Belle.

176b — **Défense d'Aalborg**. La ville personifiée assise et vue du combat naval. EN BORGER KRANDS - à l'exergue AALBORG 1801. Rev. en 7 lignes. TIL — DET 3DEN JYDSKE - INFANTERIE = — REGIMENTS — TAPPRE KRIGER — AF - 2 APRIL par Loos. Mm. 36. Ar. Belle, fort rare.

177 1802. **Consulte italienne à Lyon**. La République Cisalpine reçoit le nom de République Italienne Médaille par Manfredini. M. pl. XVII.57. Mm. 55. Br. Belle.

178 — Médaille offerte par la ville de **Lyon** aux membres de la **Consulte italienne**. Tête de Bonaparte à g. Rev. Légende en 11 lignes par Mercié. pl. XVIII n. 58. Mm. 49. Ar. t.b.c. Rare.

179 — **Préliminaires de la paix d'Amiens**. Je retiens la foudre et accepte la paix, en haut, tête de **Bonaparte** entourée de laurier. Rev. Allégorie. **Prélim^re de la Paix, l'an X**. Médaille portative en étain. Mm. 44. fort curieuse. Rare. *Voir la gravure.*

180 — **Paix d'Amiens**. Buste de Napoléon Bonaparte à g. par Dumarest. Rev. Napoléon comme Mars présente une branche d'olivier à la Bri-

tannia couchée. v. Loon Suppl. 881, M. pl. XVI 51. Mm. 60. Argent.
Belle. Rare.

181 1802. La même médaille. Br. Rare.

182 — **Paix d'Amiens**. Buste de **Bonaparte** à g. Rev. **Le Retour
d'Astrée**, sans inscription sur la tranche, v. Loon Suppl. 880, M. pl. XI
n. 52, par Droz. Mm. 40. Br. Belle Rare.

183 — **Paix d'Amiens**. Buste de **Bonaparte** *premier consul de la Répu-
blique*. Fran. à dr. Rev. La Paix debout tenant des branches de laurier
LA PAIX—GENERALLE LE 18 BR—à l'exergue LAN . X . Mm. 39.
Etain, portative. Très curieuse.

184 — **Paix d'Amiens**. Le marquis de **Cornwallis** plénipotentiaire anglais
à Amiens. Son buste à g. Rev. POST NUBILA PHOEBUS. La paix
assise tenant le portrait du roi d'Angleterre et à l'exergue DEFINITI-
VE TREATY CONCLUDED 1802 (le 2 de 1802 contourné) par Hancock,
pl. XXVI, 53. Mm. 39, v. Loon Suppl. 878. Ar. Belle. Rare.

185 — **Paix d'Amiens**. *Seefriede zwischen der Franzos. Rep. und Ihrer
Alliirten mit Gross Brittannien geschlossen zu Amiens* etc. pl. 62 n. 403.
Mm 32. Bronze. Belle.

186 — **Paix d'Amiens**. Jeton anglais, v. Loon Suppl. 877. Ae t.b.c.

187 — **Paix d'Amiens**. Médaille anglaise WE PRAISE THEE O GOD.
Mm. 38. Br. Belle. Rare.

188 — Même médaille en étain t.b.c.

189 — **Rép. Batave** 25me anniversaire de **Felix Meritis** à Amsterdam
au nom de *D. Bleeker* et autre au nom de *A. Buyn*. Suppl. 885. Ar.
2 ps. belles.

190 — La même médaille au nom de J. A. Hinsbeeck. Ar. Belle.

191 — **L'Instruction publique organisée**. Tête du premier consul à dr.
par Andrieu. Rev. Un jeune patricien lisant, pl. XXVII, 60. Mm. 40,
Br. Belle.

192 — Médaille frappée par ordre des trois Consuls en mémoire de **la paix
d'Amiens**. Belle médaille aux bustes des 3 Consuls. Rev. PAIX INTÉ-
RIEURE PAIX EXTERIEURE, par Jeuffroy, pl. XVII, 55. Mm. 68 Br.
Rare.

193 — **Colonne érigée à Marseille**. Son buste à g. par Poize, pl. XIII,
63. Mm. 43, Br. Belle et rare.

194 — **Société d'encouragement** fondée en 1802, médaille décernée à
M. Chaix Alban-Napoléon contremaître Chez M. P. Dupont. — Intelli-
gence et Moralité 1841, pl. XXXVII, n. 190 Mm. 54. Br. Belle.

195 — Jeton octogone, **Avoués près la cour d'Appel à Paris**, pl. XXXIX
n. 177. Ar. Beau.

196 — Jeton octogone. **Tribunal de première Instance**. *Chambre des
Huissiers, créee le 1er Frimaire An* 10. Ar. Beau. Rare.

197 — **Consulte italienne à Lyon**. Buste de **Napoléon** à dr. Rev. Paysage éclairci par le soleil. SUMMA POPULI IN–TRIBUS COLLEGIIS—
POTESTAS . — . MDCCCII. pl. XXXVIII n. 59. Mm. 45. Ar. Belle. Rare.

198 — **République Batave**. Noces d'or de **Anthony Buys** et **Anna van
der Dorst à Delft**. D'AL GOEDE GODT SCHENKT ONS DIT LOT
— 'T GOUDE FEEST GEVIERD 18 02. Belle médaille en or. Mm. 43.
gr. 27.5. Unique.   4

199 1803. **Négociations de paix avec l'Angleterre**. *Armé pour la paix*
Médaille miniature, pl. XVI. 67. Br. Belle.

200 1803. **Rupture du traité d'Amiens par l'Angleterre.** Buste de **Napoléon** à dr. par Droz. Rev. Un léopard déchirant un document, par Jeuffroy. Voir la note sous Millin pag. 26 n. 69. Coin brisé. Mm. 41. Br. Belle. Rare.

201 — Bonaparte **aux Arts.** Buste de **Bonaparte** à dr. par Jeuffroy. Rev Aux **Arts la Victoire.** Statue de Vénus de Médicis. pl. XXX n. 70. Mm. 41. Argent. Belle.

202 — **La même médaille. t.b.c.**

203 — La même médaille en bronze. Belle.

204 — **Nouvelle école de pharmacie établie.** AU SOULAGEMENT DE L'HU-MANITÉ, par Brenet. pl. XXV n 71. Mm. 30. Br. Belle. Rare.

205 S d. **Grand prix de l'Académie impériale et royale des Beaux Arts.** IM-PERIALE REGIA ACCADEMIA DELLE BELLE ARTI. Minerve assise à g. sur une chaise ornée, portant de la main droite une groupe des trois Graces. Rev. Dans une couronne de branches d'olivier. COMMIS-SIONI STRAORDINARIE. Belle médaille par Manfredini, variété de pl. XXXVII n. 196 (autre légende et sans date). Mm. 62. Argent. F.d.c.

206 — Même médaille. Même avers. Au revers. PREMIO DI VENEZIA. Argent. F.d.c.   *Voir la gravure.*

207 — **Grand prix de l'Académie royale de Beaux Arts à Milan.** R. ACA-DEMIA DI BELLE ARTI IN MILANO. Minerve assise comme sur la pièce précédente. Rev. Dans la couronne PREMIO, par Manfredini. Mm. 62. Argent. F.d.c.

208 — **Grand prix de l'Institut royale de Beaux Arts à Vénise.** R. ISTITUTO (sic) DI BELLE ARTI IN VENEZIA. Minerve assise, comme sur la précédente. Rev. Dans la couronne PREMIO, par Manfredini. Mm. 62. Argent. F.d.c.

209 — **Chambre de commerce d'Avignon.** Petite médaille ou jeton au buste du Premier Consul à dr. par Andrieu. Millin Suppl. texte p. 7 n. 413A. Br. Belle. fort rare.

210 — **Ascension des aéronautes français A. J. et J. G. Garnerin à Berlin.** Leurs bustes accolés à g. par Loos. Rev. L'Ascension. Mm. 37. Argent. Belle et rare.

211 — **Le Piémont réuni à la France.** Tête de Napoléon Bonaparte à g. couronnée de laurier. Rev. Dans une couronne. VOTA PVBLICA. Superbe médaille par Lavy. pl. XXIV n. 73. Mm. 50. Argent. Belle et rare.

212 — Médaille au buste à dr. de **Nicolas Poussin,** Peintre français, par Dumarest, sous la tête AN XII. 1803. Revers uni. Mm. 36 Br. t.b.c.

213 — **Pont de la Durance.** Buste de **Napoléon Bonaparte** à dr. par Andrieu. Rev. LOCVPLETATORI GALLIÆ. pl. XIV.65. Mm. 43. Ar. t.b.c.

Empire Français.

214 1804. **La Légion d'honneur.** Tête laurée de Napoléon à dr. par Andrieu. Rev. La légion d'honneur par Jaley, pl. XXXI n. 78. Mm. 41, Argent t.b.c.

215 — Même médaille en bronze t.b.c.

216 1804 **Musée Napoléon.** Vue de la salle de Laocon pl. XXX n. 77. Mm. 35. Br. Belle.

217 — **Musée Napoléon.** Salle d'Apollon pl. XXX, 77* Mm. 55. Br. Belle.

218 — **Musée Napoléon.** Avers Salle d'Apollon, Rev. Salle de Laocon. Voir texte p. 29 n. 77* Mm 35. Ar. Belle Rare.

219 — **Honneur légionaire à l'armée à Boulogne.** L'Empereur assis sur une chaise curule, pl. XXXI, 80. Mm. 41. Br. t.b.c.

220 — La même médaille en étain t.b c. originale.

221 — **Ecoles des Mines du Harz.** Médaille originale fr. en étain, par Andrieu pl. XXXII n. 79. Mm. 41 t.b.c.

222 — **Camp de Boulogne.** Buste de Napoléon à dr. sans légende. Rev. Hercule enchaînant le léopard anglais. CAMP DE BOULOGNE AN XII DE LA R . F à l'exergue MDCCCIV. Mm. 41, Br. Belle, fort rare.

223 — **2000 Barques construites.** Buste de Napoléon à dr. par Droz. Rev. Même type que de la pièce precédente EN L'AN XII 2000 BARQUES SONT CONSTRUITES pl XXX n. 81. Mm. 41. Br. Belle Rare.

224 — Couronnement de **Napoléon I.** Rev. Napoléon sur un bouclier, porté par le Sénat et le Peuple, par Andrieu et Jeuffroy, pl. XXXII n. 83. Mm. 41. Br. Belle.

225 — Même médaille en plomb, t.b.c. originale.

226 — Même médaille, module plus petit, par Andrieu. Mm. 32 pl. XXXII, 84. Ar. Belle.

227 — Même médaille en bronze. Belle.

228 — Même médaille encore plus petite, pl. XXXII, n. 85 par Droz. Mm. 26. Br. Belle.

229 — Même médaille miniature, pl. XXXII, n. 86 par Jeuffroy. Ar. Belle.

230 — Même médaille miniature sans nom de graveur. Ar. Belle.

231 — Même pièce en bronze. Belle.

232 — **Couronnement** de **Napoléon I.** Jeton à sa tête à dr. NAPOLEON EMPEREUR. Var. de pl. XXXII n. 91. Ae. t.b.c.

233 — Couronnement de Napoléon I. Buste de l'empereur à dr. *Napoléon Venit Vidit Vincit.* Rev. comme pl. XXXII n. 91. Mm. 32. Jeton argenté. t.b.c.

234 — **Couronnement de Napoléon I.** L'empereur sur un bouclier porté par quatre guerriers. *Au nom du plus grand des héros frémit l'Hydre britannique.* Belle médaille par Merlen. pl. XXXVI n. 94 Mm. 44. Argent. Rare.

235 — Même médaille en bronze. Belle.

236 — Couronnement de **Napoléon I.** Lot de jetons en laiton, plusieurs variétés. 16 pièces.

237 — **Sacre de Napoléon I,** méd. au buste du pape **Pie VII** à dr. Rev. Vue de Notre Dame, par Droz et Jaley. pl. XXXI n. 87. Mm. 41. Argent Belle.

238 — Même médaille en bronze. Belle.

239 — **Banquet** offert par la ville de **Paris** à l'Empéreur et l'Impératrice. Buste lauré de l'empéreur à g. NEAPOLIO IMPERATOR, par Galle. Rev. L'empereur en habit romain assis reçoit la ville de Paris TVTELA PRAESENS et à l'exergue EPVLVM SOLEMNE IMPERATORIS IN CVRIA VRBANA PRIM . A . XIII par Jeuffroy. pl. XXXII n, 88. Mm. 68. Belle médaille en argent.

240 — Même médaille en bronze. Belle.

241 1804. **Fête de couronnement,** médaille aux bustes accolés de **Napoléon** et **Joséphine,** par Brenet, pl. XXXII n. 89. Mm. 36. Ar. Belle.

242 — La même médaille en bronze. Belle.

243 — Couronnement de Napoléon. Jeton allemand par Lauer. Ae.

244 — Destribution des aigles à l'armée par Napoléon, par Droz et Jeuffroy. pl. XXXIII. 90. Mm, 26. Ar. Belle.

245 — La même médaille en bronze. Belle.

246 — La **Monnaie des Médailles rétablie.** pl. XXIX n. 92. Mm. **41.** par Andrieu. Br. Belle.

247 — **La Vaccine.** Buste de **Napoléon** à dr. Rev. Aesculape et Vénus debout par Andrieu. pl. XXIX n. 93. Mm. 41. Br. Belle.

248 — **La Vaccine.** Aesculape et Vénus debout. Rev. Couronne de laurier. pl. XXIX no. 93. Mm. 41. Br. Belle.

249 — Jeton de présence de la **Préfecture de la Seine** pl. XXXIX n. 200. Ar. Beau. Fort rare

250 — Jeton octogone, **Trésor public** pl. LXXII n. 436. Br. Beau. Rare.

251 — Médaille italienne, POLIZIA Balance, épée et branche de palmier croisées. Rev. Dans une couronne RISPETTO ALLA LEGGE. Mm. 50. Ae t.b.c. Rare.

252 — Jeton octogone au buste de Napoléon I à g. par Droz. Rev. Monogramme. Br. Beau.

253 — Plaquette en étain au buste en relief de **Joséphine Impératrice par** Andrieu. Mm. 65. Belle, *sous verre.*

254 — Médaille en étain au buste de **Napoléon** en uniforme à dr. à l'éntour sur un ruban NAPOLEON EMPEREUR DES FRANCAIS. Rev. Monument sur lequel on lit GALLIA VINDEX, surmonté d'un buste de Napoléon, couronné par la Gaule, à gauche du monument une Génie sur un affut. VAINQUEUR ET PACIFICATEUR, à l'exergue MDCCCIV. Mm. 43. Etain. Belle, fort rare.

255 — Mort du duc d'Enghien. Son buste en uniforme à g. par Gatteaux. Rev. Cheval près d'une tente fermée. Mm. 41. Br. Belle.

256 — **République Batave.** Amsterdam **Comptoiren van Slands en Stads Inpost.** Suppl. n. 889 Mm. 35. Br. t.b c.

257 — **Défaite de la flotte française aux Indes Britanniques.** Neptune couché SETTLEMENT OF THE BRITISH AT BOMBAY, dessous MDCXXII Rev. Neptune assis tenant son trident et une victoire THE FRENCH FLEET REPULSED BY THE E . I . COMPY . XV . FEB MDCCCIV, par Droz et Mills. Mm. 41. Etain. Belle et fort rare.

258 — Mort de **François André de Favrat, Jacquier de Bernay,** général prussien et gouverneur de **Glatz.** Son buste à g. par Loos. Mm. 40. Br. Belle.

259 — **Commerce de Bois neuf.** Jeton octogone en argent, avec vue de l'Ile Louviers. M. pl XXXIX n. 199. Ar. Beau.

260 s.d. Jeton de jeu, *Spielmarken.* 4 ps. variées. Ae. 5 ps.

261 Jetons au buste de Napoléon, sur son couronnement et autres. Ae. 8 ps.

262 1805. Couronnement de **Napoléon** à **Milan.** Méd. au buste et à la couronne par Andrieu et Jaley, frappe originale en plomb, pl. XXXIII.96. Mm. 41. t.b.c.

263 — Couronnement de **Napoléon** à **Milan.** Belle médaille par Manfredini. L'Italie couronnant Napoléon. pl. XXXIII.97. Mm. 43. Ar. Belle. Rare.

264 1805. La même médaille en bronze doré, dans un encadrement ciselé en bronze doré. Mm. 50 avec le cadre, très belle pièce.

265 — La même médaille en bronze. t.b.c.

266 — Monument en honneur du général **Desaix**. pl. XVIII n. 98. Mm. 27. **Ar.** Belle.

267 — Même médaille en bronze. Belle

268 — Monument en honneur de Desaix. pl. XVIII n. 99. Br. t.b.c.

269 — **Monument en honneur du général Desaix**, médaille formée des deux revers de pl. XVIII n. 98 et 99. Voir texte pag. 37 n. 99. Mm. 27. **Ar.** Belle.

270 — Même pièce en bronze. Belle.

271 — **Entrée de Napoléon à Gênes.** Buste lauré de Napoléon à dr. par **Vassallo.** Rev Buste de Janus placé sur une colonne entourée d'emblèmes. FELICI . FAUSTOQ . ADVENTUI. pl. XXXIII 100. Mm. 50· Br. Belle et rare.

272 — **La Ligurie réunie à la France.** Belle médaille par Andrieu et Brenet. pl. XXIX n. 101. Mm. 41. Br. Rare.

273 — **Ecoles de médecine.** Buste de Napoléon à dr, Rev. Aesculape et son fils debout par Andrieu et Jouannin. pl. XXIX n. 102. Br. Belle.

274 — **Levée du camp de Boulogne — Passage du Rhin.** Buste de Napoléon à dr. Rev. Aigle devant le trône impérial, par Andrieu et Brenet. pl. XXXIV n. 103. Mm. 41. Br. Belle. Rare.

275 — Même médaille en plomb. Originale. t.b.c.

276 — **Allocution à l'armée**, l'armée fait serment de vaincre. Napoléon sur le pont haranguant l'armée. pl. XXXIV n. 104. Mm. 41. Br. Belle médaille par *Andrieu.*

277 — La même médaille, par *Droz*, sous la tête DENON DIREX, MDCCCVI. Mm. 41. Br. t.b.c. Rare.

278 — **Capitulation d' Ulm et de Memmingen.** Belle médaille par Jaley et Andrieu. pl. XXXIV n. 105. Mm. 41. Argent. Rare. *Voir la gravure.*

279 — Même médaille en bronze. Belle.

280 — **Capitulation d'Ulm et de Memmingen.** Médaille au même type par Droz et Jaley. Mm. 41. Br. Belle.

281 — **Prise de Vienne et de Presbourg,** par Andrieu et Galle, pl. XXXIV n. 106. Mm. 41. Ar. Belle.

282 — Même médaille en bronze t.b.c.

283 — La même médaille, par Droz et Galle. pl. XXXIV n. 106. Br. t.b.c.

284 — **Prise de Vienne,** médaille italienne fr. à Milan. Tête casquée de Napoléon à g. Rev. L'Autriche assise dans l'attitude de la tristesse, par Manfredini, pl. XXXIV n. 107. Mm. 43. Argent. t.b.c.

285 — Même médaille en bronze t.b c.

286 — **Défaite des Autrichiens à Insprück.** Belle méd. par Andrieu et Brenet pl. XXXIV n. 108. Mm. 41. Br.

287 — Même médaille, par Droz et Brenet. Mm. 41. Br. Belle.

288 — **Bataille d'Austerlitz.** Buste de **Napoléon** à dr. par Andrieu. Rev. Bustes des **Empereurs de Russie et d'Autriche,** pl. XXXV, 10. Mm. 41. Br. Belle.

289 — La même médaille en argent. Mm. 41. Belle.

290 — La même médaille, frappe originale en plomb.

291 — **Bataille d'Austerlitz et paix de Presbourg.** Jeton en étain à la tête

laurée de Napoléon à dr. Rev. L'empereur à cheval à g. **La cause de la paix du Presbourg,** pl. LXVII n. 437. Beau. Rare.

292 1805. **Entrevue de Napoléon et de François II d'Autriche à Urchitz,** par Andrieu, pl. XXXV n. 111 Mm 41. Br. Belle.

293 — La même médaille par Droz et Andrieu. Mm. 41. Br. t.b,c.

294 — **L'empereur Napoléon** reçoit la députation de Paris à **Schoenbrunn** et offre à la ville de Paris les trophées prises par le prince **Murat à Westirgon** PANNONIA SVBACTA. L'empereur et le prince Murat debout reçoivent l'adresse des Maires de Paris. Superbe médaille par Galle pl. XXXVII n. 112. Mm. 68 Argent. Gr. 158. Rare.

295 — La même médaille en bronze. Belle.

296 1805. **Paix de Presbourg.** Belle médaille par Andrieu. pl. XXXIV n. 113. Mm. 41. Br.

297 — **Paix de Presbourg.** Médaille portative en étain inédite. Tête de Napoléon dans une couronne de laurier NAPOLEON I REGULATEUR DE LA PAY. Rev. Napoléon et l'empereur d'Autriche devant une tente s'embrassant IL CE SONT ENBRACE. Mm. 40. Rare.

298 — **Paix de Presbourg.** Jeton au buste de Napoléon. *Unterzeichnet zu Preszburg D. 26 Decemb.* Ae. argenté. Beau.

299 — **Paix de Presbourg.** Jeton allemand au buste de **Napoléon à dr.** Ae. Beau.

300 — **Napoléon empereur des Français.** Buste de l'empereur à dr. Rev. Armoiries françaises AMPIRE . DE FRAN — CAIS . A . PARIS L AN. 13. Mm. 43. Etain t.b.c. Rare. *Voir la gravure.*

301 — **Arrivée de Napoléon I à Lyon.** Buste de Napoléon à dr. NAPOLEON Le EMP. DES FRANCs. Rev. Aigle impériale ARIVE A LYON LE 20 GERMINAL AN 13. Mm. 38. Etain Belle. *Voir la gravure.*

302 — **Actions de graces pour la paix à la cathédrale de Vienne,** par Andrieu. pl. XXXIV n. 114. Mm. 41. Br. Belle.

303 — Même médaille par Droz et Andrieu. Mm. 41. Br. Belle.

304 — **Vénise rendue à l'Italie.** Belle médaille par Andrieu et Brenet. pl. XXXV n. 115. Mm. 41. Br.

305 — La même médaille en argent. Belle.

306 — La même médaille par Droz et Brenet. pl. XXXV n. 115. Mm. 41. Br. Belle.

307 — **Ecole de Médecine à Paris.** Petite médaille à la tête d'Aesculape à g. pl. XXXVIII n. 194. Mm. 30. Argent. Belle. Rare.

308 1805. **République Batave.** *Les Orangeois réfugiés en memoire des Bienfoits de la Grande Bretagne et de la Prusse 1805* en 10 lignes dans le champ. Belle médaille par Loos. Mm. 45. Argent. Rare.

309 — **Lord Collingwood amiral anglais, défaite de la flotte française pres de Trafalgar.** Buste de l'amiral tourné à g. Rev. Les flottes. Mm 38. Br. Belle. Rare.   *Voir la gravure.*

310 — La même médaille en étain. Belle.

311 — **Lord Nelson mort dans le combat naval de Trafalgar.** Son buste à g. par Wyon. Rev. IPSE BELLI FVLMEN. La guerre marchant à dr. sur la mer foudroyant des navires. Mm. 54. Br. Belle Rare.

312 — Médaille maçonnique. OR ∴ DE LOUVIERS 5805. Loge des arts et l'amitié. Jeton en argent. Beau.

313 — **Ordre de la couronne de fer.** Médaille portative. Buste de Napoléon à g. par Droz Rev. ORDINE DELLA CORONA DI FERRO. La couronne de fer surmontée d'une aigle. Br. doré. Octogone. Belle.

314 1806. **L'Istrie conquise.** Belle médaille par Andrieu et Brenet au temple
à Pola, pl. XXXV n. 118. Mm. 41. Br. t.b.c.

315 — **La Dalmatie conquise.** Vue du temple de Jupiter à Spalatro, par
Andrieu et Brenet, pl. XXXV, 119. Mm. 41. Br. Belle

316 — **La même médaille,** variété signée sous le buste DENON DIR—
ANDRIEU F Mm. 41. Br. t.b.c. Rare.

317 — **Conquête de Naples.** Belle médaille au boeuf à face humaine marchant à dr. par Andrieu et Brenet pl. XXXV, 120. Mm. 41. Br. Belle.

318 — **La même médaille** par Droz et Brenet, pl. XXXV, 120, Mm. 41. Br.
t.b.c.

319 — **Royaume de Hollande fondé,** médaille au buste de Napoléon à dr.
Nahuys pl. I n. 1, Millin pl. XXXV, 121, par Droz et Andrieu. Mm. 41.
Br. t.b.c.

320 — **La même médaille,** avers et revers par Andrieu. Mm. 41 Br. Belle.
Rare. -

321 — **Mariage de Stéphanie Napoléon avec le prince de Bade.** Buste de
Napoléon à dr. Rev. Les deux fiancés se donnant la main, par Andrieu,
pl. XXXV n. 122. Mm. 41, Br. Belle.

322 — **La même médaille,** frappe originale en plomb, t.b.c.

323 — **Colonne de la grande armée** en mémoire du Campagne de 1805, par
Andrieu et Brenet, pl. XXXVI n. 123. Mm. 41. Br. Belle.

324 — **La même médaille,** frappe originale en plomb, t.b.c.

325 — **Colonne de la grande armée,** petite médaille au buste drapé à dr.
par Montagny. Mm. 26. Br. Belle.

326 — **L'Arc de triomphe.** Belle médaille au buste de Napoléon à dr. et à
l'arc de triomphe, par Droz et Brenet. pl. XXXVI n. 124. Mm. 41.
Argent. Belle.

327 — **La même médaille** en bronze, par Andrieu et Brenet. pl. XXXVI
n. 124. Mm. 41. Br t.b.c.

328 — **La même médaille,** autre variété signée à l'avers. ANDRIEU F. —
DENON DIRт. Mm. 41. Br. t.b.c. Rare.

329 — **Le Grand Sanhédrin.** Buste de Napoléon en uniforme à dr. au-dessus
une branche de laurier, par Depaulis. Rev. L'empereur debout, recevant
les tables de la loi d'un rabbin agenouillé devant lui, dessous GRAND
SANHEDRIN XXX MAI MDCCCVI par Dupres. pl. XXXVI n. 125.
Mm. 41. Argent. Belle, fort rare. *Voir la gravure.*

330 — **Confédération du Rhin.** Belle médaille par Andrieu et Brenet. pl. XL
n. 201. Mm. 41. Argent. t.b.c.

331 — **Même médaille** en bronze. Belle.

332 — **Même pièce.** t.b.c.

333 — **Même médaille,** frappe originale en étain.

334 — **Confédération du Rhin.** Buste de l'empereur à dr. Belle médaille en
argent par Droz et Brenet. pl. XL n. 201. Rare.

335 — **Bataille d'Jéna.** Jupiter dans les nuages. pl. XL n. 201, par Galle.
Mm. 41. Belle.

336 — **Bataille d'Jéna.** Napoléon à cheval à dr. sur le champ de bataille.
Belle médaille par Andrieu. pl. XL n. 203. Mm. 41. Br. Rare.

337 — **Bataille d'Jéna.** Belle médaille italienne par Manfredini. Compz.
pl. XL n. 204 (caractères et gravure plus grandes). Mm. 41. Argent.
Belle et rare.

338 — **La même médaille** en bronze. t.b.c.

339 1806. **Entrée de Napoléon à Berlin.** Belle médaille par Andrieu et Jaley avec vue de la porte de Brandebourg. pl. XL n. 205. Mm. 41. Br. Belle.

340 — Même médaille, variété, signée à l'avers. ANDRIEU F — DENON DIRt. Mm. 41. Br. Belle.

341 — La même médaille, comme n. 339, fr. originale en plomb. t.b.c.

342 — Capitulation de **Spandau, Stettin, Magdebourg** et **Custrin.** Belle médaille par Andrieu et Jeuffroy. pl. XL n. 206. Mm. 41. Argent. Belle et rare.

343 — La même médaille en bronze. t.b.c. Rare.

344 — **Alliance avec la Saxe.** Bustes accolés de **Napoléon** et de **Charlemagne** à dr. Rev. Bustes accolés de **Witikind** et de **Frédéric August** roi de **Saxe** à dr. par Andrieu, pl. XL n. 207. Mm. 41. Ar. Belle.

345 — La même médaille en bronze Belle.

346 — La même médaille, seulement le revers, frappée en plomb, t.b.c. uniface.

347 — **Occupation d'Hambourg.** La ville tourelée assise sur une galère, tenant un gouvernail et une corne d'abondance. Belle médaille par Andrieu et George, pl. XL n. 208. Mm. 41 Br. t.b.c. Rare.

348 — Hôtel de ville de **Rouen.** Médaille au buste de l'empereur à dr. par Droz, pl. LIV n. 303. Mm. 32. Ar. Belle. Rare.

349 — **Louis Napoléon roi de Hollande, connétable de France.** Belle médaille à la tête du roi à dr. par George. Rev. Les armoiries du royaume. Nahuys pl. I n. 3. Millin pl. LVII n. 353. Mm. 49 Br. Très rare.

350 — **Les Invalides à Berlin** reçoivent leur solde, petite médaille allemande à la tête de Napoléon à dr. pl. LXV n. 438. Rare. Belle.

351 — Mort de **C. J. Fox** grand orateur anglais. Son buste à dr. par Webb Rev. LIBERTATIS HVMANITATISQVE VINDEX. Mm. 53. Br. Belle.

352 — **Royaume de la Hollande.** Mort de **Jan Nieuwenhuyzen** fondateur de la Société „Tot Nut van 't Algemeen" Mm. 49. Br. t.b.c.

353 — La même médaille en étain t.b.c.

354 — Jeton de la **Société de Pharmacie de Lyon** au buste de l'Empereur à dr. par Mercié. Rev. Symbolique SOCIÉTE DE PHARMACIE DE LYON. Ar. Superbe. Rare.   *Voir la gravure.*

355 — **Société de Pharmacie de Lyon,** CLAUDE GALIEN tête à dr. Rev. comme sur le jeton précédent. Ar. Beau. fort rare.
        Voir la gravure.

356 — Académie Impériale de Musique. Jeton octogone au buste de **Napoléon** à dr. par Gatteaux, pl. LIV n. 302. Ar. Beau.

357 — *Communauté des Maîtres Boulangers de la ville de Paris.* Jeton au buste de l'empereur. Rev. St. Honoré pl. LIV n. 314. Ar. t.b.c. Rare.

358 — S.d. Jeton de whist français *L'art dirige, La fortune dispense.* Ar. Beau.

359 — **Royaume de Hollande.** Médaille offerte aux électeurs de **Rijnland.** Nahuys pl. I n. 6 Ar. Belle.

360 — Même médaille, varieté de Nahuys pl. I n. 6 avec KIEZERS PENNING RIJNLAND à l'entour. Ar. Belle. Rare.

361 — Même médaille en bronze t.b.c. Rare.

362 — Fête sémi-séculaire des *fondations philantropiques* de **Renswoude.** Nahuys pl. I n. 2. Mm. 38. Ar. Belle.

363 — La même médaille, vermeil. Belle.

364 — La même médaille en bronze t.b.c

365 **s.d. Royaume de Hollande. Augustin,** *premier aéronaute.* Petite médaille
uniface en étain. AUGUSTIN — Iᴱᴿ AERONAUTE DE LA HOLLANDE.
Ballon. Mm. 30/32. Belle, fort rare. Inédite. *Voir la gravure.*

366 **1806. Compagnie des Salines de l'Est.** Jeton octogone au buste de l'empereur à dr. par Tiolier. pl. LIV n. 304. Ar. Beau.

367 — **Compagnie des Salines de l'Est.** Jeton octogone au buste de l'empereur à g. par Droz. pl. LIV n. 305. Ar. Beau.

368 — Jeton octogone au buste de **Napoléon** à dr. Rev. Monogramme ornée.
Ar. Beau. Rare.

369 — **Commissaires priseurs à Paris.** Jeton octogone au buste de l'Empereur à dr. par Tiolier. pl. XXV n. 178. Ar. Beau. Rare.

370 **1807. Aigles françaises sur la Vistule.** Belle médaille par Droz et Brenet.
pl. XLI n. 211. Mm. 41. Br. Belle.

371 — **Bataille de Preuss-Eylau,** par Andrieu et Brenet. pl. XLI n. 212.
Mm. 41. Br. Belle. Rare.

372 — Même médaille, variété avec signature. ANDRIEU F — DENON
DIRᴛ à l'avers. pl. XLI n. 212. Mm. 41. Br. Belle.

373 — **Napoléon à Osterode.** Buste lauré de l'empereur à dr. Rev. Tête de
Fabius Cunctator à g. par Andrieu. pl. XLI n. 213. Mm. 41. Br. Belle.

374 — **Délivrance de Dantzig.** LIBERTAS DANTISCO RESTITVTA, par
Andrieu. pl. XLI n. 214. Mm. 41. Argent. Belle et rare.

375 — La même médaille en bronze. Belle.

376 — **Bataille de Friedland.** Belle médaille par Andrieu et Galle. L'empe-
reur en costume héroïque grec, sur le champ de bataille, pl. XLI n. 215.
Nahuys pl. III n. 27. Mm. 41. Ar. Belle. Rare.
 Dans cette bataille surtout les troupes hollandaises se distinguaient.

377 — La même médaille en bronze. Belle.

378 — **Bataille de Friedland.** Médaille par Andrieu et Brenet, var. de Nahuys,
pl. V n. 28, seulement ANDRIEU F sous le cou, pl. XLI n. 216. Mm.
41. Br. Belle.

379 — La même médaille, frappe originale en plomb t.b.c.

380 — La même médaille par Droz et Brenet, pl. XLI n. 216. Mm. 41. Br.
t.b.c.

381 — **Prise de Berlin, Warschau et Königsberg.** Les trois villes personifiées
debout, par Andrieu et George pl. XLI n. 217. Mm. 41 Argent t.b.c. Rare.

382 — La même médaille en bronze t.b.c. Rare.

383 — La même médaille, variété avec ANDRIEU F—DENON DIRᴛ à l'avers
sous le buste pl. XLI n. 217. Mm. 41. Br. Belle.

384 — **Conquête de la Silésie.** Belle médaille en argent. La Victoire assise
devant une colonne avec les noms des villes silésiennes déjà prises, pl.
XLI n. 218 par Andrieu. Mm. 41 t.b.c. Rare.

385 — La même médaille en bronze. Belle.

386 — **Paix de Tilsit.** Médaille aux bustes superposés à dr. de **Napoléon,
Alexander I et de Frédéric Guillaume III.** Nahuys pl. V n. 31. M. pl.
XLI n. 219. Mm. 41. Br. Belle Rare.
 Le royaume de Hollande fut reconnu par le roi de Prusse et l'empereur de
 Russie.

387 — La même médaille, frappe originale en plomb, t.b.c.

388 — **Paix de Tilsit.** Entrevue de **Napoléon I et d'Alexandre I.** Leurs
bustes en regard. Rev. Deux étoiles. Nahuys pl. V, 29. Millin pl. XLIII
n. 221, par Abramson. Mm. 43. Br. Belle. Rare.

389 1807. **Paix de Tilsit.** Entrevue de **Napoléon I, Alexandre I et Fr. Wilhelm III.** Bustes superposés de l'empereur de Russie et du roi de Prusse, et buste de Napoléon en regard. Rev. La fleuve Niemen. Nahuys pl. V, 30. Millin pl. XLIII n. 220. Mm. 43. Br. Belle. Rare.

390 — **Paix de Tilsit.** Buste de Napoléon à g. NAPOLEON LE GRAND Iᴿ EMPEREUR DES FRANCAIS. Rev. Trois personnes dans une tente dont deux s'embrassent (Napoléon et Alexandre I) TRAITE DE PAIX SIGNE A TYLSIT LE 7 JUILLᴇᴛ 1807. Mm. 40 Etain. Belle. Rare.
Voir la gravure.

391 — **Le Duché de Varsovie** OTHO III. BOLESLAO A . MI—NEAPOLIO . FRIDERICO . AUG. Couronne placée sur une chaise accostée des insignes impériales, par Andrieu et Brenet, signature sous le buste, pl. XLII n. 223. Mm. 41 Argent. Belle et rare.

392 — La même médaille en bronze. Belle.

393 — La même médaille, variété avec la signature d'Andrieu sur le cou Mm. 41. Br. t.b.c.

394 — La même médaille, autre variété, signée sous le buste ANDRIEU F DENON DIRᴛ, variété de gravure du revers. Mm. 41. Br. t.b.c.

395 — **Le Royaume de Westphalie.** Cheval libre tenu par un jeune homme. Belle médaille par Andrieu et Brenet. pl. XLII n. 224. Br.

396 — **Mariage de Jérôme Napoléon roi de Westphalie avec Cathérine princesse de Wurtemberg**, par Andrieu, pl. XLII n. 225. Mm. 41. Br. t.b.c.

397 — La même médaille, var. avec DENON DIRᴛ sous le buste de l'empereur. Br. Belle.

398 — **Le Simplon.** Buste de l'empereur à dr. Rev. Le Simplon représenté comme un vieillard assis sur des rochers montés par des soldats. pl. XLII n. 228 par Andrieu et Durand. Mm. 41, Br. t.b.c. Rare.

399 — **Route de Nice à Rome**, par Andrieu et Gayrard. pl. XLII n. 229. Mm. 41. Br. t.b.c.

400 — La même médaille coulée. Etain.

401 — **Succès de l'armée française.** Belle médaille. Aigle couronnée par une Victoire, par Andrieu et Jaley. pl. XLII n. 230. Mm. 41. Ar. Belle.

402 — **Royaume de Hollande. Les écluses de Katwijk.** pl. LX n. 354. Nahuys pl. V n. 33. Mm. 46. Br. Belle.

403 — **J. J. Regis Cambacérès.** Archi-chancelier de France, grand-maître des loges françaises. Belle médaille au buste à dr. par Jaley. pl. LVII n. 375. Mm. 42. Br. Rare.

404 — **La ville de Spalatro (en Dalmatie) au général Marmont.** Vue du port de Spalatro, par Manfredini. pl. LXV n. 444. Mm. 42. Br. Belle.

405 — La même médaille. Br. a.b.c.

406 — **Société médicale d'Emulation de Paris.** Belle petite médaille au buste de Xavier Bichat à dr. par Galle, pl. LXXI n. 446. Argent Belle. Rare.

407 — **Paix et commerce.** Médaille ou Jeton au buste de l'empereur à dr. Rev. Mercure assis à dr. PAIX ET COMMERCE et à l'exergue 1807. Argent. Belle. Rare.

408 — **Commandeurs du Mont Thabor**, petite médaille maçonnique. Rev. BONUM EST NOS HIC ESSE à l'ex. 5807. Mm. 30 Br. t.b.c.

409 S.d. Médaille de la **Lotterie impériale de France.** Aigle éployé. Rev. en 5 lignes LOTERIE—IMPÉRIALE—DE—FRANCE—Bᴀᴜ. Mm. 53. Ae t.b.c. Rare.

410 S.d. **Napoléon et Hannibal.** Buste de l'empereur en uniforme à dr., des-

sus une branche de laurier NAPOLEON EMP . ET . ROI, par Depaulis.
Rev. Tête de Hannibal à g. ANNIBAL. Mm. 41. Argent Belle et rare.
Voir la gravure.

411 — La même médaille en bronze. Belle.

412 — **Napoléon et Hannibal.** Tête nue de l'empereur à dr. par Andrieu
NAPOLEON. Rev, comme la pièce précédente. Mm. 41. Br. Belle.

413 — **Royaume de la Hollande.** Méreau d'entrée dans le jardin botanique
à Amsterdam pour le médecin *G. Diederiks* 1807. Mm. 50 Ac t.b.c.

414 S d. Médaille miniature en argent. Buste de l'empereur à dr. NAPO-
LEON EMPEREUR, sous le buste T. Rev. Vase, dessous XII à l'entour
PROCEDE DE . PH . GENGEMBRE. Belle.

415 S.d. Buste lauré en uniforme à dr. NAPOLEON Ier EMPEREUR. Rev.
Des navires en pleine mer DIEU PROTEGE LA FRANCE. Mm. 38.
Etain t.b.c. **Rare.**   *Voir la gravure.*

416 (1807) Plaquette en étain au buste de l'empereur **Napoléon,** entouré
d'une couronne tenue par le Temps personifié. Mm. 73. Étain b c.
(Lenormand pl. XXII n. 9.)

417 S.d. Médaille par Vassallo à la tête de **Napoléon** à dr. NAPOLEONE IMP .
DEI FR . RE D' . ITAL . PROT . DELLA CONF . DEL RENO. Rev.
LICEO CONVITTO DI NOVARO. Couronne de laurier. Mm. 44 Br. Belle.

418 S.d. Armoiries du royaume de l'Italie CORRIERE DEL REGNO D'ITALIA.
Rev. Uni. Médaille de prix. Mm. 51. Br. Belle. Rare.

419 1807. **Société académique des Enfants d'Apollon.** Jeton. M. texte
446c. Ar. Beau.

420 1808. **Réunion de l'Etrurie à la France,** par Brenet et Andrieu, pl. XLII
n. 227. Mm. 41. Br. Belle.

421 — **Congrès d'Erfurt.** Vue de la ville **d'Erfurt** ERFORDIAE XIV OCTO-
BRIS MDCCCVIII. Rev. Dans le champ NAPOLEONI GRATA CIVI-
TAS. Médaille par Facius, pl. XLIII n. 232. Mm. 43 Argent t.b.c. Rare.

422 — La même médaille en bronze. Belle.

423 — **Napoléon à Madrid.** Belle médaille avec vue de la Porte de Alcala
par Andrieu et Brenet, pl. XLII n. 234. Mm. 41. Br.

424 — La même médaille, frappe postérieure. Belle.

425 — **Bataille de Somme Sierre.** Buste de Napoléon à dr. par Droz. Rev.
Napoléon dans un bige à dr. par Jeu(ffroy) pl. XLII n. 235. Mm. 41.
Br. Belle.

426 — **Joseph Napoleon, roi d'Espagne.** Buste du roi à g. IOS . NAPOLEO
HISPANIAR . ET INDIAR . REX . CATHOL. Rev. ORBE MEO. Belle
médaille par Daniel. pl. LIX n. 365. Mm. 44. Br. Rare.

427 — **Université Impériale.** Petite médaille par Gayrard au buste lauré de
l'empereur à dr. pl. LXV n. 447. Argent. Belle.

428 — **Médaille de prix.** Buste de l'empereur à dr. par Andrieu. Rev. Dans
une couronne de laurier gravé en 9 lignes. *Don Gle des Prix — au nom
des M. I. & R. — par S. Ex. M. Crétet — Ministre de l'Intérieur —
comte de l'Empire — Prix de Violoncelle — Henry Frémi — le 23
Août — 1808.* Mm. 41. Ar. Belle.

429 — **Royaume de la Hollande. La reine Hortense.** Tête de la reine à dr.
ΟΡΤΗΣΙΑ ΒΑΣΙΛΙΣΣΑ. Rev. Un chevalet sur lequel est placé un toile etc.
à l'ex. ΤΙΜΩΣΙ ΤΙΜΩΜΕΝΑΙ Ε ΛΩΙΓ. Nahuys pl. LIII n. 4, manque à Millin.
Mm. 22. Br. Belle.

430 — **La reine Hortense.** Superbe médaille miniature en or. ΟΡΤΗΣΙΑ
ΒΑΣΙΛΙΣΣΑ. Sa tête à dr. Rev. Un chevalet sur lequel une toile etc. ΤΙΜΩΣΙ

ΤΙΜΩΜΕΝΑΙ à l'entour et Ε ΛΩΙΓ à l'exergue. Variété inédite de Nahuys pl. LIII.4. Mm. 14. Or. gr. 27. Fort rare.

Voir la gravure.

431 — La même médaille en argent. F.d.c.

432 — Même médaille en bronze. Belle.

433 — **La reine Hortense visite la Monnaie des Médailles.** Belle petite médaille. Nahuys pl. I n. 5. Millin pl. LIII n. 295. Mm. 22. Ar. Belle.

434 — La même médaille en bronze. Belle.

435 — **Caroline reine de Naples.** Sa tête diadémée à dr. ΒΑΣΙΛΙΣΣΑ ΚΑΡΟΛΙΝΗ Rev. Boeuf à face humaine couronné par une Victoire marchant à dr. à l'ex. ΝΕΟΠΟΛΙΤΩΝ pl. LIII n. 293. Mm. 22. Br. Belle.

436 — **La princesse Pauline.** Tete de la princesse à g. ΠΑΥΛΙΝΑ ΣΕΒΑΣΤΟΥ ΑΔΕΛΦΗ. Rev. Les trois Graces ΗΜΩΝ ΚΑΛΗ ΒΑΣΙΛΕΥΕ pl. LIII n. 294. Mm. 22 Argent Belle.

437 — La même médaille en bronze. Belle.

438 — **La princesse Pauline.** Sa tête laurée à g. comme sur la pièce précédente. Rev. en 4 lignes *S. A. J. — La princesse Pauline visite la Monnaie des Médailles,* manque à Millin. Mm. 22. Br. Belle.

439 — **La princesse Elise grande Duchesse de Toscane.** Sa tête diadémée à dr. sans légende, dessous ANDRIEU F. Rev. Uni. Mm. 22. Inédite Br. Belle.

440 — **La princesse Elise** ΕΛΙΣΑ ΣΕΒΑΣΤΟΥ ΑΔΕΛΦΗ. Sa tête diadémée à dr. Epreuve uniface en étain de la médaille pl. LIII n. 292. Mm. 22. Belle Rare.

441 — Médaille de la ville d'**Alkmaar.** Nahuys pl. X n. 67. Argent. Belle.

442 — **Arrivée de l'armée anglaise en Espagne.** Buste du duc de **Wellington** à dr. ARTHUR DUKE OF WELLINGTON. Rev. THE ENGLISH ARMY ARRIVES IN THE PENINSULA. Mm. 41. Br. Belle Rare.

443 — **Royaume de la Hollande.** Noces d'argent de **Hs. Hulters** et **C^{la} van Helsdingen.** Médaille de mariage par **Lageman,** avec les noms des fiancés gravés sur la tranche et la date 1808 gravée dans le champ. Mm. 39. Ar. Belle.

444 — **Trésor public.** Jeton octogone au buste de Napoléon à dr. par Tiolier pl. LXXII n. 436. Ar. Beau.

445 — **Charcutiers de Paris.** Jeton à la tête de l'empereur à dr. par Andrieu. Ar. Beau.

446 — **Comité central de Vaccine.** Jeton au buste de l'empereur à dr. par Andrieu. Rev. dans le champ COMITE CENTRAL DE VACCINE FORME LE XI . MAI MDCCC à l'entour F . CRETET MINISTRE DE L'INTERIEUR MDCCCVIII. Millin texte n. 449ᴀ Jeton. Ar. Beau.

447 1809. **Victoires d'Abensberg et d'Eckmuhl.** Vue du temple de Janus, la porte cassée. Rev. Napoléon entre deux trophées de guerre. Belle médaille par Andrieu et Brenet. pl. XLIV n. 237. Mm. 41. Br.

448 — **Seconde entrée de l'empereur Napoléon à Vienne.** Vue des portes. St. Martin et de Carinthie. pl. XLIV n. 239 par Andrieu. Mm. 41. Ar. Belle. Rare.

449 — La même médaille en bronze. Belle.

450 — **Bataille d'Essling.** Passage du Danube, pl. XLIV n. 240 par Brenet. Mm. 41. Br. Belle.

451 — **Anvers attaquée par les Anglais.** Séjour de **Napoléon à Schoenbrunn.** Jupiter assis, par Domard et Depaulis. pl. XLIV n. 241. Mm. 41. Br. t.b.c.

452 1809 **Bataille de Raab.** *Les aigles françaises au delà du Raab.* pl. XLV
n. 242 par Andrieu et Dubois. Mm. 41. Br. Belle.

453 — **Rome unie à la France.** AQVILA REDVX par Andrieu pl. XLV
n. 243. Mm. 41. Br. t.b.c.

454 — La même médaille, variété avec la signature ANDRIEU au lieu sur
le cou, dans le champ sous le buste. Mm. 41. Br. Belle.

455 — **Rome seconde capitale.** Tête de Napoléon à dr. Rev. Bustes accolés
de Paris et Rome à g. Belle médaille par Andrieu et Depaulis. Mm. 41.
Br. Rare.

456 — **Conquête d'Illyrie.** Boeuf debout à dr., par Andrieu et Depaulis.
pl. XLV n. 246. Mm. 41. Br. t.b.c.

457 — **Bataille de Wagram.** Médaille par Andrieu et Galle, pl. XLV n. 247.
Mm. 41. Br. Belle.

458 — **Bataille de Wagram.** Belle médaille à la tête couronnée de l'empereur à dr. par Manfredini. HOSTIBVS VBIQVE FVSIS CAESIS CAP-
TIS. La Victoire volant à dr. pl. XLVIII n. 248. Mm. 43. Ar. Belle.

459 — La même médaille en bronze t.b.c.

460 — **Paix de Vienne.** Médaille par Andrieu, pl. XLV n. 249. Mm. 41. Br. t.b.c.

461 — **Paix de Vienne.** Jeton allemand „*Ich gebiete nun ists Friede,* laiton
t.b.c.

462 — **Frédéric Auguste** roi de **Saxe** visite la Monnaie des Médailles. Son
buste à dr. par Andrieu pl. XLV n. 250. Mm. 41 Br. t.b.c.

463 - - **La Banque de France.** Médaille par Droz au buste de l'Empereur
à dr. Rev. La Fortune assise à g. pl. I n. 252. Mm. 68. Etain t.b.c.

464 — **Médaille de récompense de la Banque de France.** Buste de Napoléon
à dr. par Droz. Rev. LA BANQUE DE FRANCE RECONNOISSANTE
Cartouche octogone entouré d'une couronne de laurier. Mm. 68. Br.
Belle. Rare.

465 — **Joachim Napoléon roi de Naples.** Distribution des drapeaux aux
légions provinciales. Buste du roi à g. Rev. Trophée de drapeaux pl. LX
n. 370. Mm. 37. Ar. Belle médaille, fort rare.

466 — **Dr. A. Portal,** *président de l'Académie de médecine.* Buste du méde-
cin à g. comme pl. LXXI n. 456. Rev. dans le champ PRAESES—
HON . ET PERP—COETVS ACADEM—MEDIC—PARIS—SERVAT ET
PERFICIT—MDCCCXVIII. Belle petite médaille de 1818. Mm. 28. Ar.
Rare.

467 — **Faculté de médecine de Paris.** Buste de Hippocrate à g. par Galle
ΙΠΠΟΚΡΑΤΗΣ pl. LXXI n. 459. Mm. 33 Ar. Belle. Rare.

468 — **Bataille de Talavera.** Buste du duc de **Wellington** à dr. ARTHUR
DUKE OF WELLINGTON. Rev. La Victoire debout entre un lion et
un aigle, par Mills et La Fitte. Mm. 41. Br. t.b.c. Rare.

469 — **Bataille de Talavera.** Buste du duc de Wellington à dr. par Mills,
variété de la pièce précédente sans mention de MUDIE D . à l'avers.
Mm. 41. Etain F.d.c. coin brisé. Rare.

470 — La même médaille. Buste de Wellington par Donadio. Rev. par La
Fitte. Mm. 41. Br. t.b.c. Rare.

471 S.d. **Jeton** au buste de l'empereur à dr. par Gatteaux. NAPOLEO SUOS
REGENS EXTERIS PROVIDET. Rev. Légende en 6 lignes HIBERNI
ANGLI SCOTI PRO FIDE etc. Vermeil. Beau.

472 — **Bataille de Corunna.** Mort de Lieut.-général Sir **J. Moore.** Tête de
Sir Moore à g. par Mills. Rev. DEATH OF SIR JOHN MOORE. Mars

combattant un aigle, dessous CORUNNA 16 JANUARY 1809 par Couriguer. Mm. 41. Br. t.b.c.

473 1809. Mort du Lieutenant-général **J. Moore** dans la bataille de **Corunna.** Buste à g IOHANNES MOORE Eq. B. EXERC. BRITAN. IN. HISPAN. DUX. Rev. HEROS! QUEM NOLUIT DEUS SUPERESSE TRIUMPHO. par P. W. Mm. 40. Br. t.b.c. fort rare.

474 — La même médaille en étain. t.b.c.

475 — Médaille au buste de MAJ. GEN. SIR W. P. CARROL. Kt. C. B. &c. à g. Rev. PENAFLOR 1809. Mars debout à dr., par Wells. Mm. 41. Br. Belle. Rare.

476 — **Lycée de Zara.** MERITOS INDICIT HONORES et dans une couronne LYCAEUM IADERENSE. Mm. 47. Br. t b.c.

477 — Médaille au buste à dr. de Col. G. L. **Wardle M. P.** sous le buste MOVED THE ENQUIRY RELATIVE TO THE D. OF Yk. Mm. 40. Br. t.b.c.

478 — **Royaume de Hollande.** *La Société d'utilité publique* (Tot Nut van 't Algemeen), existe pendant 25 ans. Nahuys pl. XI n. 78. Ar. Belle.

479 — Médaille de prix de la même société. Nahuys pl. XI n. 79, sans inscription sur tranche. Mm. 40. Br. Belle. Rare.

480 — Mort de **J. Bapt. Cant. Hanet-Clery,** valet de chambre de Louis XVI. Son buste à g. par Petit. Mm. 50. Br. Belle.

481 — **George III** roi d'Angleterre. Son jubilé de 50 ans, Son buste à g. par Wyon. Mm. 52 Etain t.b.c.

482 — Jeton de la **Chambre de Commerce d'Anvers,** au buste de l'empereur à dr. par Droz, pl. LIV n. 308. Ar. Beau.

483 — Jeton octogone au buste de l'empereur à dr. par Tiolier „**Notaires du** Départ^{nt} **de la Seine"** LEX EST QUODCUMQUE NOTAMUS. Ar. Beau Rare.

484 1810. Le roi et la reine de **Bavière** visitent la Monnaie des Médailles. Méd. aux bustes accolés à dr. par Andrieu. pl. XLV n. 253. Mm. 41. Br. Belle.

485 — Arrivée de l'Impératrice **Marie Louise à Strassbourg.** pl. XLVI n. 255. Mm. 32. Ar. Beau.

486 — Même pièce en bronze. t.b.c.

487 — Mariage de **Napoléon** avec **Marie Louise.** Leurs bustes accolés à dr. par Andrieu. Rev. par Jouannin, var. de pl. XLVI n. 256 avec le nom ANDRIEU sur le cou et au rev. IOUANNIN sans F. Mm. 41. Ar. Belle pièce.

488 — Mariage de Napoléon et Marie Louise. Avers comme le revers de la pièce précédente et avec IOUANNIN F. Rev. Dans une couronne de laurier une torche allumée et une flèche, par Brenet. Mm. 41. Ar. Belle. Rare.

489 — Mariage de Napoléon et de Marie Louise, comme pl. XLVI n. 256 Mm. 41. Br. Belle.

490 — Même sujet, même médaille, module plus petit. Mm. 32, par Andrieu et Brenet. Ar. Belle.

491 — Même médaille en bronze. t.b.c.

492 — Même médaille, têtes accolées à dr. par Andrieu. Rev. Couronne de laurier. Médaille de prix. Ar. Belle.

493 — Même médaille, par Galle et Droz. Bustes accolés à dr. Mm. 26. Ar. Belle.

494 — La même médaille en bronze, t.b.c.

495 1810. Avers comme le revers de la pièce précédente. Rev. Dans une couronne de laurier. I. D. en monogramme, par Droz. Ar. t.b.c.

496 — Médaille miniature par Andrieu aux bustes accolés à dr. et l'Empereur et l'Impératrice debout, Ar. Belle.

497 — Même médaille en bronze.

498 — Même médaille à la tête seule de Napoléon à dr. Ar. Belle.

499 — **Mariage de Napoléon et de Marie Louise.** Jolie médaille miniature à l'Amour marchant à dr. emportant la foudre de Jupiter pl. XLVI n. 257. Ar. Belle.

500 — La même médaille en bronze. Belle.

501 — **La même medaille, variété avec la tête seule de Napoléon à dr.** Br. Belle. Rare.

502 — **Mariage de Napoléon.** Belle médaille aux bustes couronnés de Napoléon et de Marie Louise à dr. par Manfredini. pl. XLVII n. 258. Mm. 42. Br. t.b.c.

503 — **Mariage de Napoléon et de Marie Louise.** Bustes opposés de l'empereur et de l'impératrice par Schmidt. Rev. Lég. en 6 lignes FELIX GENTIBUS—AUSTRIÆ ET GALLIÆ—CONIÜGIUM NAPOLE—ONIS ET LUDOVICÆ—IV . NONARUM APRILIS—A . D . MD . CCC . X . Mm. 52, pl. XLVII n. 259. Ar. Très belle et rare.

504 — **Mariage de Napoléon et de Marie Louise.** Leurs bustes opposés, dessous, une branche de laurier et de palme, par Harnisch, Rev. Vienne personifiée assise à dr. inscrit sur une tablette tenue par l'Amour VOTA PVBLICA à l'entour FELICIBVS NVPTIIS et à l'ex. VINDOB XI . MARTII—MDCCCX, par Zeichner, pl. XLVII n. 260. Mm. 48. Argent. Belle et rare. *Voir la gravure.*

505 — **Mariage de Napoléon et de Marie Louise.** Leurs bustes opposés. Rev. Colonne à laquelle l'Hymne attache des armoiries couronnées. Superbe médaille frappée à Prague par Guillemard. pl. XLVII n. 261. Mm. 47. Argent. Rare. *Voir la gravure.*

506 — La même médaille en étain. Belle.

507 — Mariage de Napoléon et de Marie Louise. Bustes accolés de **François I et Marie Louise** en regard des bustes accolés de **Napoléon I et Marie Louise.** Rev. La Concorde assise tenant deux cornes d'abondance. Belle médaille par Stuckhart. pl. XLVII n. 262. Mm. 33. Ar. Très belle et rare. *Voir la gravure.*

508 — Même sujet. Bustes accolés à g. dans une couronne. Belle médaille par la ville de Lyon, par Mercié. pl. LXX n. 462. Mm. 48. Etain.

509 — **Le grand-duc Ferdinand de Wurtzbourg** visite la Monnaie des Médailles. pl. XLVI n. 264. Mm. 34. Br. Belle.

510 — **Statue en honneur de Desaix.** Médaille par Andrieu et Brenet. Mm. 41. Br. Belle.

511 — **Le canal de l'Ourcy ouvert.** La ville de Paris assise sur une proue de vaisseau entre la Seine et l'Ourcy personifiées, par Andrieu. pl. XLVI n. 266. Mm. 41. Br. Belle. Rare.

512 — **Fondations pour les Orphélines de la Légion d'Honneur.** Belle médaille par Andrieu et Depaulis. pl. XLVIII n. 267. Mm. 41. Argent.

513 — Même médaille en bronze, variété sans signature de Denon à l'avers et le nom d'Andrieu sur le cou. Mm. 41. Belle.

514 — **Honneurs funèbres au duc de Montebello,** mort sur le champ d'Essling. Buste de **Napoléon I** à g. par Galle. Rev. Légende en 20 lignes. pl. L n. 268. Mm. 68. Br. Belle. Rare.

515 — Médaille en honneur de **Pierre Vignon,** officier de la légion d'Hon-

neur, président du trubinal de commerce. Buste de Napoléon à dr. par Droz. pl. LXX n. 465. Mm. 68. Br. Belle. Rare.

516 s.d.   Académie des Sciences, Arts et Belles lettres de Dyon. Petite médaille au buste de Napoléon à dr. par Andrieu. Rev. Lég. en 6 lignes. Mm. 32. Ar. Belle. Rare.

517 1810. Aux Sciences et aux Arts. Tête de Napoléon à g. Rev. Minerve assise à g., à l'exergue 1810. Mm. 33. Br. Belle.

518 — Royaume de Hollande. Consécration de l'Eglise catholique à Rijssenburg. Nahuys II n. 55. Médaille par Klouzing. Ar. Belle.

519 — Même sujet. Nahuys n. 56 par Klouzing. Ar. Belle.

520 – Commission pour la Révision des remèdes secrets. Jeton ou petite médaille au buste de l'empereur à dr. par Gayrard. pl. LXXII n. 468. Ar. t.b c. Rare.

521 — Commerce de la Boucherie de Paris. Taureau furieux à g. Jeton octogone par Andrieu. pl. LIV n. 309. Ar. t.b.c.

522 — Charles Johann Bernadotte élu prince royal héréditaire de Suède. Son buste à dr. signé C . E. Rev. La Suède debout couronne le prince Bernadotte debout. Mm. 58. Etain. Belle. Rare.

523 1811. Naissance du roi de Rome. Tête du nouveau né à g. par Andrieu. Rev. L'Impératrice voilée debout avec le nouveau né, par Jouannin. pl. XLVIII n. 270. Mm. 41. Ar. Belle.

524 — Même médaille en bronze. t.b.c.

525 — Buste du roi de Rome à g. Rev. Bustes accolés de **Napoléon et Marie Louise** à dr. par Andrieu. pl. XLVIII n. 270A. Mm. 41. Br. t.b.c.

526 — Même médaille, variété la signature d'Andrieu est placée dans le champ, sous les bustes de l'empereur et de l'Impératrice. Mm. 41. Br. t.b.c.

527 — Même pièce, frappe originale en plomb. b.c.

528 — Même médaille, module plus petit. Mm. 33. Ar. t.b.c.

529 — Même pièce en bronze. t b.c.

530 — Même pièce, jolie médaille miniature. Ar. Belle.

531 — Naissance du roi de Rome. Bustes accolés à dr. Rev. Femme (l'Impératrice) avec le nouveau né debout entre un aigle à g. et une louve à dr. par Jouannin et Andrieu. Var. de gravure de pl. LXVII n. 470. Mm. 41. Br. Belle. Rare.

532 — Naissance du roi de Rome. Bustes en médaillons de l'Impératrice et de l'Empereur en regard, dans une couronne de laurier, dessous, aigle sur une foudre. NAPOLEON I GALL : IMP : ITAL : REX : ET M : LVDOVICA ARCHI : AVST : Rev. L'Impératrice assise reçoit le nouveau né d'une femme ailée. NOVAM ACCIPE SPEM ORBIS à l'ex. REX ROMAE NATVS etc. Superbe médaille par Stockhart. Mm. 49. Ar. Rare.

533 — Baptême du roi de Rome. Médaille offerte par les bonnes villes de l'Empire. Napoléon avec son fils près des fonts de baptême. Rev. Les couronnes des bonnes villes. Belle médaille par Andrieu. pl. XLIX n. 271. Mm. 68. Ar. Belle et rare.

Les noms des villes, dont les couronnes se trouvent sur cette médaille, sont: *Paris*, **Rome**, **Amsterdam**, *Alexandrie*, **Aix-la-Chapelle**, *Amiens*, *Angers*, **Anvers**, *Besançon*, *Bordeaux*, *Bourges*, **Brême**, *Bruxelles*, *Caen*, *Clermont*, **Cologne**, *Dyon*, *Florence*, **Gand**, *Gènes*, **Genève**, *Grenoble*, **Hambourg**, *La Rochelle*, *Liège*, **Lille**, *Livourne*, **Lubeck**, *Lyon*, *Marseille*, **Mayence**, *Metz*, *Montpellier*, *Montauban*, *Nancy*, *Nice*, *Orléans*, *Parme*, *Plaisance*, *Reims*, *Rennes*, *Rouen*, **Rotterdam**, **Strasbourg**, *Toulouse*, *Tours*, **Turin**, *Versailles*.

534 1811. La même médaille en bronze. Belle et rare.

535 — Même médaille coulée. b c.

536 — Même médaille, frappe originale en étain. t.b.c.

537 — **Elise, grande duchesse de Toscane.** Ouverture d'une nouvelle route. Sa tête à dr. par Galle, décrite dans Millin erronément sous 1809, pl. LXIX n. 453. Mm. 36. Br. t.b.c.

538 — **Académie de la Crusca à Florence.** Médaille au buste de Napoléon à g. par Siries. pl. LXIX n. 473. Mm. 38. Etain. t.b c.

539 — **Commerce de vin de la ville de Paris.** Jeton octogone au buste de l'Empereur à dr. par Desboufs. pl. LIV n. 311. Ar. t.b.c. Rare.

540 — **L'Armée anglaise sur le Taag.** Le Taag couché, dans le fond, campement militaire. LINES OF TORRES VEDRAS — THE ENGLISH ARMY ON THE TAGUS. 1810—1811. Rev. FABIUS CUNCTATOR. Le général en chef anglais assis devant sa tente, par Dubois et Petit. Mm. 41. Br. Belle. Rare.

541 1812. **Prise de Wilna et Confédération polonaise à Warschau.** pl. LI n. 274 par Andrieu. Mm. 41. Br. Belle.

542 — **Bataille de la Moskowa.** Belle médaille par Andrieu et Jeuffroy, cavalier galoppant sur le champ de bataille. pl. LI n. 275. Mm. 41. Ar. Rare.

543 — La même médaille en bronze. Belle.

544 — Même pièce. Br. b.c.

545 — **Entrée de Napoléon à Moscou.** Buste de l'empereur à dr. par Andrieu. Rev. Le Kremlin par Droz. pl. LI n. 276. Mm. 41. Ar. t.b.c. Rare.

546 — La même médaille en bronze. t.b.c.

547 — Même médaille coulée. b.c.

548 — La même médaille, variété avec ANDRIEU F . — DENON DIRT. placée sous le buste dans le champ. Br. Belle.

549 — **L'aigle française sur le Borysthène.** Médaille par Andrieu et Brandt au Borysthène assis à g. pl. LI n. 277. Mm. 41. Br. t.b.c.

550 — **L'aigle française sur le Wolga.** Buste de l'empereur à dr. Rev. Le Wolga s'enfuyant pour l'aigle française, par Andrieu et Michaut. pl. LI n. 278. Mm. 41. Ar. t.b.c.

551 — Même médaille. Br. Belle. fr. post.

552 — Même médaille, var. avec ANDRIEU F. — DENON DIRt sous le buste dans le champ. Mm. 41. Br. Belle. Rare.

553 — **Retraite de la grande armée française.** Un guerrier poursuivi du Dieu des vents, par Andrieu et Galle. pl. LI n. 279. Mm. 41. Br. t.b.c.

554 — Même médaille, var. avec le nom ANDRIEU F — DENON DIRt. sous le buste dans le champ. Mm. 41. Br. t.b.c.

555 — **Académie des Beaux Arts à Rome.** Belle médaille à l'empereur assis à g. par Gatteaux. pl. XLIX n. 280. Mm. 58. Br. t.b c.

556 — **Russie Campagne de 1812.** Médaille miniature militaire. Ar. t.b.c.

557 — **Médaille maçonnique.** Loges de Metz. S ∴ C ∴ DE L'ECOLE DE LA SAGESSE ET DU TRIPLE — ACCORD REUNIS A LA V ∴ DE METZ 5812. Mm. 23. Br. t.b.c. Rare.

558 — **Prise de Badajoz.** Buste du Lieut.-général Sir T. Picton presque de face. Rev. Soldat anglais plaçant le pavillon sur les murailles de Badajoz, par Mills. Mm. 41. Br. t.b.c. Rare.

559 — Même médaille en étain. F.d.c. Rare.

560 1812. **Bataille de Salamanca.** *L'armée anglaise entre Madrid.* Vue de la bataille. Rev. Le duc de Wellington recevant les clefs, par Brenet. Mm. 41. Br. Belle. **Rare.**

561 — **Délivrance de Portugal et d'Espagne.** Tête de Wellington à g. **Rev.** En 5 lignes. PORTUGAL — DELIVERED — SPAIN — RELIEVED — MDCCCXII. Mm. 37. Br. Belle.

562 — **Commerce de Bois flotté.** Jeton *rond* au buste de l'inventeur Jean Rouvet à g. Compz. pl. LXXII. n. 483 (octogone). Ar. Beau. **Rare.**

563 — Prix du **Lycée** de **Novarra.** Méd. à la tête de l'empereur à g. pl. LXVIII n. 476. Br. t.b.c.

564 1813. **Bataille de Lützen.** Buste de l'empereur à dr. dessus, une couronne, par Depaulis et Brenet. pl. LI n. 281. Mm. 41. Br. t.b.c.

565 — **Bataille de Lützen,** var. au buste lauré de Napoléon à dr. dans un cercle perlé et sans couronne, par Droz. Mm. 41. Br. Belle.

566 — **Bataille de Würtchen.** Buste de l'empereur à dr. Rev. Trophée d'armes, pl. LI n. 282 par Droz et Brenet. Mm. 41. Br. Belle.

567 — **Bataille de Würtchen.** Médaille variée au buste de l'Empereur à dr. dessus couronne, par Depaulis. Mm. 41. Br. Belle. **Rare.**

568 — Même médaille coulée. Etain. t b.c.

569 — **Monument sur le Mont-Cenis.** Armement de 1.200,000 hommes. Belle médaille par Andrieu et Brenet. pl. LI n. 283. Mm. 41. Ar.

570 — Même médaille en bronze. t.b.c.

571 — Même médaille, var. par Droz et Brenet. Br. t.b.c.

572 — Même médaille coulée. Etain. t.b.c.

573 — **Canal de Mons à Condé.** Belle médaille au buste de l'Empereur à dr. par Andrieu et Brenet. pl. LII n. 284. Mm. 41. Ar. Belle.

574 — **Agens de change de Paris.** Jeton octogone par Tiolier. pl. LIV n. 313. Ar. Beau. **Rare.**

575 — **L'Impératrice** *visite la Monnaie des Médailles.* pl. LIII n. 291 par Andrieu et Brenet. Mm. 22. Ar. Belle.

576 — La même médaille en bronze. Belle.

577 — Petite médaille en honneur et à la tête de **Denon.** *Elles parleront toujours pour lui,* par Galle et Brenet. pl. LIII n. 296. Ar. Belle.

578 — **Denon.** *Et lui aussi il a vécu* dans le grand siècle, par Galle pl. LIII n. 297. Ar. Belle. **Rare.**

579 — Médaille pour les tables de jeu du Palais Impérial. HEUR ET MALHEUR, par Gayrard. pl. LIII n. 299. Ar. Belle.

580 — Même pièce en bronze. t.b.c.

581 — Même médaille, plus petite, autre revers pl. LIII n. 300. Ar. Belle.

582 — Drapeaux donnés par la reine d'Angleterre aux troupes. Buste du maréchal le Duc de York à g. par Webb. Rev. La reine présentant des drapeaux à l'armée, par Brenet. Mm. 41. Br. t.b.c.

583 — **Bataille de Vittoria.** Buste du duc de **Wellington** à dr. par Mills. Rev. Char de triomphe. BATTLE OF VITTORIA 1813 par Lefèvre. Mm. 41. Ar. Belle et rare. *Voir la gravure.*

584 — Même médaille en bronze. t.b.c.

585 — **Bataille de Leipzig.** Bustes opposés des empereurs d'**Autriche** et de **Russie.** Rev. La bataille. Jeton allemand en laiton. t.b.c.

586 — **Bataille de Leipzig.** Jeton en étain au buste du général en chef Prince de Schwarzenberg à g. b.c. **Rare.**

587 1813. Jeton au buste du **prince d'Orange** à g. Rev. Vue d'Amsterdam. D. 2 DEC. 1813. Laiton. b.c.

588 — **Campagne de 1813.** Médaille militaire pour les volontaires de La **Haye.** Ar. Belle. Rare.

589 — Même médaille miniature. Ar. Belle.

590 — Même pièce encore plus petite. Ar.

591 1814. Médaille comme boîte en argent aux bustes de **François I** empereur d'Autriche, d'Alexandre empereur de Russie et de Frédéric **Guillaume III** roi de **Prusse ;** par Stettner. Rev. Germania debout. SCHOEN WIE DIE DEUTSCHE EICHE GRÜN MEINES VOLKES GLÜCK; contenant 12 épisodes des batailles de cette année imprimées en couleurs avec leurs explications. Mm. 50. Ar. Belle et fort rare dans ce métal. *Dans son étui originale.*

592 s.d. Jeton en laiton au buste de l'Empereur **Alexandre de Russie** à g. *Frieden bringt Glück.* t.b.c.

593 s.d. Plaquette uniface en cuivre doré au buste richement drapé à g. de **Marie Louise, impératrice d'Autriche,** par Heuberger. Mm. 56. Belle.
Voir la gravure.

594 — Plaquette uniface en cuivre doré au buste en uniforme à dr. de **Friedrich roi de Wurtemberg,** par Detler. Mm. 56. t.b c.

595 — Plaquette uniface en cuivre doré au buste en uniforme de face du **Maréchal en chef le Prince de Schwarzenberg,** par Heuberger. Mm. 56. t.b.c.

596 — Plaquette uniface en cuivre doré au buste en uniforme presque de face du **Général comte Ostermann,** par Heuberger. Mm. 56. t b.c.

597 — Plaquette uniface en cuivre doré au buste en uniforme tourné à g. du *Maréchal* le **Prince de Wrede,** par Heuberger. Mm. 56. Belle.

598 — Plaquette uniface en cuivre doré au buste à dr. du *Pape* **Pie VII,** par Detler. Mm. 56. t b c.

599 — Plaquette uniface en cuivre doré au buste en uniforme de face de **Castlereagh** ministre anglais, par Heuberger. Mm. 56. t.b.c.

600 — Plaquette uniface en cuivre doré au buste en uniforme tourné à dr. du **Prince de Metternich,** ministre autrichien. Mm. 56, par Heuberger. t.b.c.

601 1813. Ange de paix. **Berlin** *von den Franzosen befreit durch Tscherni-schef,* petite médaille portative. Ar. Belle.

602 — Ange de paix. *Bei* **Haynau** *durch Blücher.* Ar. t.b.c.

603 — Ange de paix. *Bei* **Culm** *D. 30 August 1813.* Ar. t.b.c.

604 — Ange de paix. *Einzug des Herzogs von* **Braunschweig** *in seine befreite Residenz.* Ar. t.b.c.

605 — Ange de paix. *Durch Devaux wurde* **Neufchâtel** *besetzt.* Ar. Belle.

606 — Ange de paix. *Bei* **Leipzig** *in der Völkerschlacht.* Ar. Belle.

607 — Ange de paix. *Bei* **Grossbeeren** *durch den Kronprinzen von Schweden.* Ar. t.b.c.

608 1814. Ange de paix. *Bei* **Orthes** *Amgive de Pau durch Wellington.* Ar. t.b.c.

609 — Ange de paix. *Bei* **Montmartre** *durch Schwarzenberg.* Ar. t.b.c.

610 — Ange de paix. **Hamburg** *endlich befreiet und übergeben an Bennigsen.* Ar. t.b.c.

611 — Ange de paix. *Das befreiete* **Magdeburg** *übergeben an Tauenzien.* Ar. t.b c.

612 1815. Ange de paix. *Durch den siegreichen Einzug* **Blücher's** *und* **Wellington's** *in Paris.* Ar. a.b.c.

613 S.d. Médaille par Loos, au buste dans une couronne à g. de **Friedrich Wilhelm von Braunschweig.** Rev. Armoiries. Mm. 29. Ar. F.d.c.

614 — Médaille au même type au buste et armoiries de **York von Wartenburg.** Ar. Belle.

615 — Médaille au même type au buste et armoiries de **Blücher von Wahlstadt.** Ar. F.d.c. *Voir la gravure.*

616 — Médaille au même type, buste et armoiries de **Barclay de Tolli.** Ar. F.d.c.

617 — Médaille au même type. Buste et armoiries de **Tauentzien von Wittenberg.** Ar. F.d.c.

618 — Médaille au même type. Buste et armoiries de **Schwarzenberg.** Ar. F.d.c.

619 — Médaille au même type. Buste et armoiries de **Gneisenau.** Ar. F.d.c.

620 — Gijsbert Karel comte de **Hogendorp,** fondateur de la délivrance des Pays-Bas, mort en 1834. Son buste de face. Rev. Dans une couronne de laurier NOVEMBER — MDCCCXIII. Mm. 52 Br. Belle.

621 — **Campagne de 1813.** Médaille militaire pour les soldats de Saxe. E. A. R. (Ernst August rex) en monogr. Ae. t.b.c.

622 — **Bataille de Hanau.** Les empereurs d'Autriche et de Russie et le roi de Prusse debout. Rev. La bataille. Jeton en laiton. Ae. t.b.c.

623 — **Zara assiégée par les Autrichiens.** Monnaie obsidionale de 9 francs 20 centimes. Millin pl. LXXIII n. 483. Ar. t.b.c. fort rare.

624 1814. **Départ de l'empereur Napoléon pour le campagne.** Buste de l'empereur à dr. par Droz. Rev. L'empereur prends congé, par Brenet. Mm. 41. Br. t.b.c.

625 — **L'Aigle en Février.** Buste de l'empereur à dr. Rev. Aigle debout, par Andrieu et Brenet. pl. LII n. 285. Mm. 41. Br. Belle.

626 — La même médaille. variété de coin, les caractères plus petites et la gravure moins en relief. Mm. 41. Br. Belle.

627 — **Grande voirie de Paris.** Beau jeton en argent, pl. LXXII n. 490. Rare.

628 — **Grande voirie de Paris,** variété, au dr. les armoiries de Paris et à l'entour *Préfecture du Départ^t de la Seine Grande Voirie.* Br. t.b.c.

629 — **Vaccine.** Vache debout à g. EX INSPERATO SALUS. Rev. Dans une couronne. **Vaccinations municipales** *de Paris MDCCC XIV,* par Depaulis. Mm. 33. Ar. Belle. Rare.

630 — La même médaille, variété, les caractères au revers plus petites et MDCCCXIV. Ar. Belle. Rare.

631 — **La Fortune adverse,** *Mars MDCCCXIV.* Tête de Napoléon à dr. Rev. La Fortune dans un navire, par Andrieu et Brenet. Mm. 41. Br. doré. Belle médaille rare.

632 — **Victoire sur la flotte française par l'amiral anglais Earl Howe.** Buste de l'amiral à dr. par Wyon. Rev. FRENCH FLEET DEFEATED OFF USHANT. Neptune dans son char. Mm. 41. Br. t.b.c. Rare.

633 — **Victoire des Anglais sur les Français près de Toulouse.** Tête casquée de Britannia à g. Rev. BATTLE OF TOULOUSE, par Brenet. Mm. 41. Br. Belle.

634 — **L'empereur Napoléon abdique XI Avril MDCCCXIV.** Son buste à dr. dessus couronne, par Depaulis. Rev. L'Abdication, par Brenet. Mm. 41. Br. doré. Belle. Rare. *Voir la gravure.*

635 — **Paix de Paris.** Bustes superposés à dr. de George d'Angleterre, l'empereur de Russie et d'Autriche et du roi de Prusse. NVNQVAM VIDEBIMVS EIS SIMILES ITERVM. Rev. La Paix debout. AVSPICIVM

MELIORIS AEVI et à l'ex. PAX . PER . EVROPAM — MDCCCXIV —
MAI . XXX. Belle médaille. Mm. 48. Ar. Rare.

636 1814. La même médaille en bronze. Belle. Rare.

637 — **Paix de Paris.** Bustes superposés de l'Empereur de Russie, du roi
de Prusse, du duc de Wellington et du maréchal Blücher à dr. Rev. La Britannia assise sur un rocher tenant les armoiries anglaises et un gouvernail.
NULLA DIES PACEM NEC FOEDERA RUMPET. Mm. 49. Etain.
Belle Rare.

638 — **Paix de Paris.** Les mêmes bustes à dr. Rev. Dans une couronne.
PEACE OF 1814, à l'entour BE THANKFUL REJOICE. Mm. 28.
Etain. Belle.

639 — **Paix de Paris.** Buste de George prince régent d'Angleterre à g. par
Mills. Rev. La Britannia assise donne une branche d'olivier à une
femme ailée (la Monde). ENGLAND GIVES PEACE TO THE WORLD
1814, par Dubois. Mm. 41. Ar. Belle médaille. *Voir la gravure.*

640 — Même médaille en bronze. Belle.

641 — **Paix de Paris.** TREATY OF PEACE SIGNED AT PARIS. Mars et
la Paix debout, dessous MAY 30TH 1814, signée TWIJON JU'—MDCCCXI
(sic). Rev. THIS IS — THE WORKOF — JENOVAH : — etc. entouré
de six écussons aux armoiries de l'Angleterre, de l'Autriche, de la Suède,
de la France, de la Prusse et de la Russie. Mm. 56. Br. t.b.c. Rare.

642 - **Paix de Paris.** ON EARTH PEACE GOOD WILL TO MEN. La Paix
debout sur la terre. Rev. Dans une couronne de laurier. DEFINITIVE
— TREATY — OF PEACE AND AMITY — BETWEEN — GREAT
BRITAIN — AND FRANCE — SIGNED AT PARIS — MAY 30 1814.
Mm. 45. Br. Belle.

643 — Même médaille en étain. Belle.

644 — Jeton anglais en mémoire de la paix de Paris au buste de l'empereur **Alexandre.** Ae. t.b.c. troué.

645 — **Paix de Paris.** Buste du duc de **Wellington** à g. ENGLAND . PORTL
SPAIN . SWEDn . RVSSa . PRVSSa . AVSTa . HOLLd . & FRANCE
UNITED. Mm. 42. Etain. t.b.c. Rare.

646 — **Les Alliés dans Paris.** Jeton aux bustes des empereurs de Russie et
d'Autriche et du roi de Prusse. Ae. argenté. Beau.

647 — **Les Alliés dans Paris.** Médaille en étain aux têtes de **Blücher** et de
Schwarzenberg en regard. Rev. Porte de Paris. Mm. 38. Etain. Belle.

648 — Jeton au buste du maréchal le Prince de **Wrede** à g. FELDMAR-
SCHALL FÜRST V. WREDE. Ae. b.c.

649 — **Paix de Paris.** Jubilé en Angleterre. Buste de George prince de
Galles à g. GEORGE PRINCE OF WALES REGENT, par Wyon. Rev.
JUBILEE IN HONOUR OF THE PEACE 1 AUG. 1814. Allégorie par
Wyon. Mm. 68. Br. Belle, fort rare.

650 — **Paix de Paris.** Jeton anglais au buste du maréchal **Blücher.** Ae. Beau.

651 — **Napoleon to Elba** Jeton anglais satirique. Napoléon sur un ane conduit
par un diable. INSEPERABLE FRIENDS. Ae. t b.c.

652 — Même pièce trouée. b.c.

653 — Séjour de l'empereur **Alexandre I** à **Paris.** Buste de l'empereur à dr.
par Andrieu. Mm. 41. Br. t.b.c.

654 — **L'empereur Alexandre de Russie** visite la Monnaie des médailles.
Médaille au buste à dr. par Andrieu. Mm. 41. Br. t.b.c.

655 — **L'empereur François I d'Autriche** visite la monnaie des médailles.
Buste à g. par Gayrard Mm. 41. Br. t.b.c.

656 1814. **Frédéric Guillaume III roi de Prusse** visite la Monnaie des médailles. Buste du roi à g. par Gayrard. Mm. **41**. Br. Belle.

657 — **Entrée de Louis XVIII dans Paris.** Buste du roi à dr. par Andrieu. Rev. Le roi et la reine dans un char de triomphe, par Brenet. Mm. 41. Br. t.b c.

658 — Buste du roi à dr. par Andrieu. Rev. *Il porte la paix du monde*, par Brenet. Mm. 41. Br. t.b.c.

659 — **Charte constitutionelle.** Buste de **Louis XVIII** à dr. par Andrieu. Rev. Le roi assise donnant la Charte, par Jaley. Mm. **50**. Br. Belle.

660 — Charte constitutionelle. Buste du roi à dr. Rev. Trois personnes reçoivent la charte du roi, par Andrieu. Mm. 41. Br. Belle.

661 —**Alexandre de Russie pacificateur.** Tête de l'empereur à dr. par Webb. ALEXANDER . IMP . ROSSICI . AVTOCRATOR. Rev. Dans une couronne. ORBIS — TE — LAVDAT — PACATVS . — MDCCCXIV. Mm. **53**. Br. Belle.

662 — Vitite de l'empereur de **Russie** et du roi de **Prusse** à l'Angleterre. Tête casquée de Britannia à g. Rev. Le temple de Janus fermé. Sur l'avant scéne Neptune avec son trident, médaille par Barre. Mm. 40. Br. t.b.c.

663 — **Prince Platoff cossack general.** Son buste en uniforme à g. THIS VICTORIOUS CHIEF ACCOMPANIED HIS SOVEREIGN TO HIS VISIT TO ENGLAND. Rev. Un cavalier galopant à dr. COSSACK CHARCHING. Mm. 43. Br. Belle. Rare.

664 — Même médaille en étain, trouée. Belle.

665 — **Le maréchal Blücher en Angleterre.** Tête de maréchal à g. par Halliday. G. L. VON BLUCHER — PRINCE OF WAGSTADT (sic). Rev. en trois lignes. HOSPES — BRITANNIARVM — MDCCCXIV. Mm. **53**. Etain. Belle et rare.

666 — **Rentrée des Anglais en Hanovre.** Buste du duc de **Cambridge** de face par Webb. Rev. THE ENGLISH RE-ENTER HANOVER, par Barre. Mm. 41. Br. t.b.c.

667 — Même médaille en étain. Belle.

668 — Médaille au buste à g. du Polonais **W. H. Korwin Krasinski G. D.**, par Caunois. Rev. Dans une couronne légende. Mm. 41. Br. Belle.

669 — **Guillaume VI** paince souverain des Pays-Bas, inauguré à Amsterdam. Jeton. Dirks 23. Ar. t.b.c.

670 — Même jeton. Ae. t b.c.

671 — Le prince souverain visite Utrecht. PATER ET PRINCEPS. Dirks n. 27. Ar. Beau.

672 — Médaille en bronze du „**Senatus Veteranorum**" de l'Académie d'Utrecht. Dirks 17. Mm. 37. Br. Belle.

673 — **Campagne de 1814.** Médaille militaire russe ronde, Ar. t.b.c.

674 — **Campagne de 1813—4.** Médaille militaire autrichienne en forme de croix. Ae. b.c.

675 — **Campagne de 1813—14** Médaille militaire prusienne, var. de Dirks n. 60 avec $\frac{1813}{1814}$ au revers. Ae. b.c.

676 — Même médallle, seulement 1814 au revers. Dirks n. 60. Ae. b.c.

677 — **Campagne de 1814.** Médaille pour les compagnies de Brunen. „*Dritte Compagnie des Landsturm von Brumen.* Rev. *Gewidmet am Geburts Tage Friedrich Wilhelm III.* 1814. Mm. 42. Argent. t.b.c. **Rare.**

678 1814. **Siége de Naarden.**   Médaille militaire donnée à A. Elders. Dirks pl. IV n. 25. Ar. Belle.

679 — **Siége de Naarden.** Médaille militaire, module plus petit. Dirks n. 25A. Ar. Belle.

680 — **Siége de Naarden.** Médaille militaire, encore plus petite, var. de Dirks pl. IV n. 25B Ar. Belle.

681 — **Campagne de 1814** Médaille militaire pour les volontaires de **Bois-le-Duc.** Dirks pl. III n. 15. Etain, fort rare.

682 — Jeton portative. Mort de l'Impératrice **Joséphine.** Ae. t.b.c.

683 1815. **Séjour de Napoléon à l'Ile d'Elbe.** Buste de l'empereur à dr. par Droz. Rev. Femme assise sur un rocher. SEJOUR A L'ILE D'ELBE le tout entouré du Zodiaque ; par Brenet. Mm. 41. Br. doré. Superbe. Rare.

684 — **Retour de l'Empereur.** Aigle couronnée portant la légion d'honneur. Rev. L'Empereur reçu par un militaire et un bourgeois, par Andrieu et Brenet. pl. LII n. 286. Mm. 41. Br. Belle.

685 — **Mars 1815.** Têtes superposées de **Napoléon, Marie Louise** et du roi de **Rome** à dr. par Andrieu. Rev. Aigle à dr. MARS 1815. Jolie médaille miniature en bronze.

686 — **Le général Bertrand à Napoléon.** Mer avec des navires, sur l'avant scène une aigle couronnée. Rev. NAPOLEONI MAGNO FIDELI BERTRAND. pl. LII n. 287. Mm. 41. Br. Belle.

687 — **Les Cent Jours.** Buste de Napoléon à dr. Rev. Comme l'avers de la pièce précédente. Mm. 41. Br. t.b c. très rare.

688 — **Constance de Louis XVIII** pendant les cent jours. Son buste à dr. par Andrieu. Rev. par Jeuffroy. Mm. 50. Br. t.b.c.

690 — **Napoléon donne son fils à la France.** Buste de l'empereur sans légende et sans signature à dr. Rev. L'Empereur donne son fils à la France personifiée debout, par Brenet. Mm. 41. Br. Belle.

691 — La même médaille, mais au buste du jeune empereur à g. NAPOLEON II EMP. DES FRANÇAIS XX JUIN MDCCCXV. Fort belle médaille non signée. Mm. 41. Br. doré. Rare.
Voir la gravure.

692 — La même médaille. Bronze. t.b.c. Rare.

693 — Buste de **Napoléon** à dr. NAPOLEON EMP. ET ROI, par Andrieu. Rev. Buste de son fils **Napoléon II** à g. NAPOLEON . II . EMP. DES FRANÇAIS XX JUIN MDCCCXV. Mm. 41. Br. t.b.c.

694 — **L'Armée anglaise sur l'Escaut.** L'Escaut couché près d'un navire, à l'exergue THE ENGLISH ARMY UPON THE SCHELD. Rev. Vache debout. Superbe médaille par Depaulis. Dirks pl. VI n. 42. Mm. 41. Ar. fort rare.

695 — La même médaille, conservation moins belle. Ar. fort rare.

696 — La même médaille en bronze. Belle. Rare.

697 — **Charge de cavalerie anglaise** dans la bataille de **Waterloo.** Buste du général en chef anglais **Henry William** *marquis of* **Anglesey** à dr. Rev. Charge de cavalerie. CHARGE OF THE BRITISH AT WATERLOO. Dirks Suppl. pl. VIII par Depaulis. Mm. 41. Ar. Superbe.

698 — **L'Armée anglaise entre à Paris.** Vue des colonnades du Louvre. Belle médaille au buste d'**Arthur** duc de **Wellington,** par Brenet. Mm. 41. Ar. F.d.c.

699 — **Même médaille en bronze. t/b.c.**

700 — **Paix de Paris.** La paix debout mettant le feu à une masse d'armes.

Rev. En 9 lignes. *Friede — der — verbündeten — Mächte — M—Frankreich — Geschlossen — Zu Paris — den 20. Nov. — 1815.* Mm. 18. Ar. t.b c. Rare.

701 1815. 2me Entrée des alliés dans Paris. **Blücher et Wellington** debout se donnant la main. Jeton. Ae. t.b.c.

702 — Médaille à la tête de l'Empereur **Napoléon** à dr. par Halliday. Rev. Mention des événements les plus importants de sa vie, jusqu'à son arrivée sur l'Ile de St. Hélène. Mm. 53. Br. Belle.

703 — **Bataille de Waterloo.** Le Prince royal d'Orange à cheval à g. CROWN PRINCE OF ORANGE. Ae. t.b.c.

704 — **Bataille de Waterloo.** Buste du duc de **Wellington** à g. DUKE OF WELLINGTON et à l'entour TO COMMEMORATE THE GLORIOUS AND EVER MEMORABLE VICTORY OF WATERLOO. Rev. Tête du maréchal **Blücher** à g. G. L. VON BLUCHER — PRINCE OF WAGSTADT. Belle médaille par Halliday. Mm. 53. Br. Rare.

705 1801—1815. Buste en uniforme et avec casque en plumes de face. NE MO ME IMPUNE LACESSIT. Rev. Dans une couronne. MDCCCI . — EGYPT — PORTUGAL — SPAIN . — FRANCE — BELGIUM — MDCCCXV. Médaille par Dubois. Mm. 40. Br. Rare.

706 1815. **Napoléon sur le Bellérophon en route vers St. Hélène.** Buste de Napoléon en uniforme à dr. par Webb. Rev. SURRENDERED TO H. B. M. S. BELLEROPHON CAPT MAITLAND. Vue du Bellérophon accompagné d'un autre vaisseau, par Brenet. Millin pl. LII n. 289. Mm. 41. Ar. Belle.

707 — Même médaille en étain. F.d.c.

708 — **Blücher.** Son buste lauré à g. dessous écusson aux armoiries. **Dem Fürsten Blücher von Wahlstatt die Bürger Berlins im Jahr 1816.** Rev. Un guerrier ailé tuant un monstre. 1813. — 1815. — 1814. Médaillon en fer. Mm. 79. Belle. Rare.

709 — Médaillon uniface en fer au buste en uniforme à g., en relief du maréchal le prince **Blücher.** Mm. 82. Beau. Rare.

710 — Jeton. **Bonaparte op St. Helena.** L'empereur assis sur un rocher. Ae.

711 — (L'Impératrice) **Marie Louise** duchesse de **Parme** et de **Piacenza.** Son buste diadémé à dr. sans légende. Rev. En 7 lignes. MARIA LUIGIA — PRINC . IMP . ARCID . D'AUSTRIA — PER LA GR . DI DIO DUCH . — DE PARMA PIAC . — E GUAST . — 1815. Médaille par Donaldi, Mm. 40. Br. Belle. Rare.

712 — **Bataille de Waterloo.** Buste du roi **Guillaume I** des **Pays-Bas** à dr. WILLEM . I . KONING . DER NEDERLANDEN. Rev. Lion debout sur un monument, sur lequel on lit. XVIII . JUIN MDCCCXV et à l'exergue WATERLOO, par Braemt. Mm. 27. Argent, fort rare. Belle.

713 — **Bataille de Waterloo.** Buste de George prince régent d'Angleterre à g. Rev. Pavillon anglais, en haut WELLINGTON au-dessous WATERLOO DIE JUN. 18. 1815 et sur la tranche PONTE WATERLOOENSI DEDICATO IUN 18 1817. Mm. 36. Ar. t.b.c.

714 — **Médaille de Waterloo.** Médaille militaire au buste du duc **Friedrich Wilhelm** de **Brunswick** au nom de CHRN. MEYER. AV. GARDE. Dirks pl. IX n. 59A, Ae. b.c. avec ruban.

715 — **Médaille de Waterloo.** Méd. militaire au buste de **Friedrich August** duc de **Nassau.** Dirks pl. VIII n. 58. Ar. t.b.c.

716 — **Médaille de Waterloo.** Médaille militaire d'**Oldenbourg.** Ar. Belle et rare.

717 1815. **Campagne de 1813—1815.** Croix militaire néerlandaise. Dirks pl. IX n. 64. Ar. t.b.c.

718 — Même médaille miniature. Ar. t.b.c.

719 — **Bataille de Waterloo.** Médaille pour les volontaires de Rotterdam au nom de H. Wolters. Dirks pl. VII n. 51A. Ar. t.b.c. Rare.

720 — **Bataille de Waterloo.** Médaille pour la compagnie de Chasseurs des Etudiants d'Utrecht. Belle médaille. Dirks pl. VIII n. 53c. Ar. F.d.c. fort rare.

721 — **Campagne de 1815.** Médaille militaire décernée par la commission d'Amsterdam. Dirks pl. VIII n. 52, petit module. Ar. Belle. Rare.

722 — Monument érigée par l'Empereur de Russie et le roi de Prusse en mémoire éternelle des années remarquables 1812, 13, 14 et 15. Bustes superposés à g. par Brandt Mm. 50. Br. argenté. b.c.

723 — Réunion de la **Belgique** à la **Hollande.** Dirks pl. VI n. 38, par Michaut. Mm. 72. Br. t.b.c.

724 — **Guillaume I** couronné à **Bruxelles,** par Braemt. Dirks pl. IX n. 61. Mm. 45. Br. Belle.

725 — Couronnement de **Guillaume I.** Jeton. pl. IX n. 63A. Ae.

726 — Institution de l'ordre militaire „*De Militaire Willemsorde*", par Braemt. Dirks pl. VI n. 40. Mm. 45. Br. Belle.

727 1816. Médaille à la tête de **Napoléon** à dr. au dessus de sa tête 9 étoiles. Rev. Prometheus enchainé à un rocher attaqué par un aigle NON DI LUI MA D CHI LO TRADI IMAGO 1816. Dirks Suppl. pl. A n. X. Mm. 76. Etain. b c. Rare.

728 — **Bombardement d'Alger** par les flottes anglaises et hollandaises. Buste de l'amiral **Lord Exmouth** à dr. Rev. Neptune sur son cheval marin. Dirks pl. XIII.96. Mm. 41. Br. Belle.

729 — **Napoléon II.** Essai d'une pièce de 1 Centime. Ae. t.b.c.

730 1818. **Carl XIV, Johann „Bernadotte",** roi de Suède. Son buste drapé à dr. signé C. E. Rev. En 9 lignes. NAT. 1754 — REGNI SUCCESSOR — A SUECIS ELECTUS — 1810 — etc. Mm. 33. Br. Belle.

731 — Buste du roi à dr. par Lundgren. Rev. Paysage avec paysan labourant. LÄNDER FRIDSANT INTAGNE. Mm. 42. Br. b.c.

732 — Buste de **Bernadotte** à dr. Rev. Paysan labourant. STUNDANDE SKöRDAR MöDORNAS LöN. Mm. 30. Br. F.c.d.

733 — Son buste drapé à dr. signé C. E. Rev. Legende en 7 lignes. TILL MINNE AF . D . 26—29 Oct. 1816 - DA . D . K . H . H . — KRON . PRINSEN — etc. à l'exergue AF STADENS INVANARE D . 11 . MAJI 1818. Mm. 43. Etain. Belle.

734 — **La même médaille coulée.** a.b.c.

735 — Son buste drapé à dr. Rev. Dans une couronne ILLIS — QVORUM — MERUERE — LABORES. Mm. 42. Etain. Belle.

736 — Buste de Bernadotte à dr. Rev. Dans une couronne NEDERS BE-LöNING — FöR — NA DEN REDLIGHED -- T . RIKETSTIENST. Mm. 34. Etain. Belle.

737 — Médaille fort intéressante frappée sur un Thaler de **Christian VII** de 1808 fr. pour le **Schleswig Holstein.** Buste couronné de Bernadotte, **Carl XIV Johann** à dr. CARL XIV JOHAN SV. IG NORG. K. RRONET 1818 Rev. Dans une couronne de laurier. FOLKETS KLERLICHED MIN BELöNNING. Ar. t.b.c.

Voir la gravure.

738 1818. **Marie Louise** archi-duchesse d'Autriche, duchesse de **Parme, Piacenza** et **Guastalla.** Buste diadémé à dr. Rev. Paysage avec pont. TARO . FIRMIVS — DENIQVE . REPRESSV . M . DCCC . XVIII, par Santarelli. Mm. 41. Br. t.b.c.

739 — **Marie Louise.** Son buste diadémé à dr. par Santarelli. Médaille uniface en étain. Mm. 41. Belle.

740 1819. **Aux braves armées françaises.** Médaille par Droz. Trois géants battants sur un champ de bataille. Rev. Légende en 10 lignes dans une couronne de laurier. Mm. 54 Br. t.b.c.

741 1820. Les Souscriptcurs associés pour transmettre à la postérité les Victoires et Conquêtes des Français de 1792 à 1815. Editeur C. L. F. Panckoucke. 1820. Médaille par Barre au nom de J. F. Failly, Lieut.-Colonel, Officier de la légion d'honneur. Mm. 51. Br. Belle.

742 1821. **Mort de Napoléon I** sur **St. Hélène.** Sa tête laurée à dr. dans une couronne entourée d'un ruban avec les noms des événéments les plus importants. Rev. L'île de St. Hélène, en haut une aigle. IL MOURUT SUR UN ROCHER et à l'exergue ILE Ste HELENE — 5 MAI. 1821. Superbe médaille en argent. Mm. 70. Rare.

743 — La même médaille en étain. t b.c.

744 — Tête de Napoléon dans une couronne de deuil. Rev. Sa biographie en 36 lignes. Médaille anglaise. Mm. 53. Br. Belle.

745 — Jeton allemand. Buste de **Napoléon** à g. Rev. Vue de l'île St. Hélène. Ae. t.b.c. Rare.

746 — **Mort de Napoléon.** Buste à dr. par Andrieu. Rev. Lég. en 9 lignes. Mm. 32. Br. Belle.

747 — Buste de **Napoléon** sur une aigle éployée. Rev. Légende en 8 lignes. Mm. 41. Br. Belle rare. *Coin brisé.*

748 1821. **Mort de Napoléon.** Buste à dr. par Montagny. Rev. Faisceau surmonté d'une aigle et mention des événéments les plus importants. Mm. 25. Br. Belle.

749 — Bustes de **Napoléon** et de la **France** superposés à dr. Même revers, par Montagny. Mm. 26. Br. Belle.

750 — Jeton anglais en mémoire de la mort de Napoléon avec vue de la cimétière. Ae. t.b.c.

751 — **Mort de Napoléon I.** Médaillon doré au buste de l'empereur, par Galle. Mm. 34. Sous verre, dans son étui original.

752 — Buste lauré de Napoléon à dr. sans légende. Rev. Une femme ailée agenouillée devant le tombeau funèbre de l'empereur, par Brenet. Mm. 41. Br. Belle.

753 — **Médaille de St. Hélène.** Décoration à ses compagnons de gloire. Br.

754 — Même médaille miniature. Br.

755 — **Marie Louise** Buste de la duchesse de Parme à dr. par Santarelli. Rev. Lég. en 13 lignes. TREBIA HANNIBALIS . A . DXXXV . V C . LICHTENSTEINII . A . MDCCXXXXVII . SOVWAROFII . ET NELAS . A . MDCCLXXXXVIIII . VICTORIIS . MAGNA . EX DECRETO . AVGVSTAE A . MDCCCXXI . PONTE . IMPOSITO . VTILTATE . POPVLOR . FELIX. Mm. 41. Ar. Belle médaille.

756 — La même médaille en bronze. Belle.

757 1822. Tête de **Carl XIV Johann (Bernadotte)** à dr. par Gube. Rev. Deux Dieux de fleuves tiennent un écusson aux armoiries. FöRENADE et à l'exergue AR 1822 . DEN 23 OCH 24 SEPTEMBER. Mm. 50. Br. t.b.c.

758 1825. **Marie Louise** visite la Monnaie de **Milan.** OFFICINAM . MONE-
TARIAM — MEDIOLANVM . — INSPEXIT — IX . KAL . IVLII —
MDCCCXXV. Mm. 38. Br. Belle.

759 1827. **Mort du Duc de York.** Son buste à g. par Faulknes. FREDERICK
DUKE OF YORK COMMANDER IN CHIEF. Rev. Monument funèbre.
Mm. 41. Ar. Superbe.

760 — **Mort du duc de York.** FIELDMARSHAL F. DUKE OF YORK. Buste
à g. par Webb. Rev. Soldat pleurant près d'un sarcophage. Mm 41.
Br. t.b.c. Rare.

761 1829. **Colonel C. N. Fabvrier** chef d'escadron à la **Moscowa,** aide de camp
à **Salamanca,** signa la capitulation de Paris au nom de Mortier. Son
buste à dr. par Peuvrier. Rev. ΕΛΕΥΘΕΡΙΑ. Mm. 42. Br. t.b.c.

762 — Couronnement d'**Eugénie Bernhardine Désideria** reine de **Suède.** Son
buste couronné à dr. par Lundgren. Mm. 57. Etain. t.b.c.

763 1830. Histoire de la révolution, de l'empire, de la restauration et de la
Mon. de 1830. Belle médaille au buste de l'empereur Napoléon à dr.,
par Montagny. Mm. 53. Br. doré.

764 1832. **Mort de Jⁿ Chˡᵉˢ Fᵒⁱˢ Napoléon duc de Reichstadt.** Buste à dr.
dans une double légende. Rev. Biographie en 22 lignes, par Borrel.
PHTHISIS . TENTAVIT . TRISTISSIMA MORS etc. Mm. 50. Br. Belle.

765 — **Mort du duc de Reichstadt.** Tête de Napoléon de face dessous V .
MAI . MDCCCXXI. Rev. Napoléon dans les nuages reçoit son fils.
XXII JUILLET MDCCCXXXII, par Baucheny. Mm. 50. Br. Belle mé-
daille rare.

766 1833. **Statue de Napoléon rétablie par Louis, Philippe.** Tête de Napoléon
à dr. sur des drapeaux. Rev. Légende, par Montagny. Mm. 41. Etain.
t.b.c.

767 — Même sujet. Statue de **Napoléon.** Rev. Les noms de 6 victoires. Mm.
34. Br. t.b.c.

768 — Même sujet. Statue de **Napoléon.** Rev. Lég. en 8 lignes. Mm. 23. Ar.
Belle, par Montagny.

769 — Même médaille en bronze. Belle.

770 - - Même sujet. La Statue de **Napoléon** entre deux épées. Rev. A. Napoléon le Grand la France régénérée. Mm. 25. Br. t.b.c.

771 1836. Arc de triomphe de l'étoile terminé par Louis Philippe. Buste de
Napoléon à dr. Rev. L'arc de triomphe. Belle médaille par Montagny.
Mm. 52. Br.

772 — Même sujet. Bustes opposés de **Napoléon** et de **Louis Philippe,** par
Montagny. Mm. 52. Br. Belle.

773 — Même sujet. Tête de **Napoléon** à dr. par Vivier. Rev. L'arc de l'étoile,
par Levêque. Mm. 25. Ar. Belle.

774 — Même pièce en bronze t.b.c.

775 — Même sujet. Tête laurée de **Napoléon** à dr. par Montagny. Rev.
L'arc de l'étoile. Mm. 17. Ar. Belle.

776 — Même sujet. Buste de **Napoléon** à dr. Rev. L'arc de l'étoile, par
Montagny. Mm. 35. Br. t.b.c.

777 — Même sujet, au buste drapé de **Napoléon** à dr. par Montagny. Mm.
35. Br. Belle.

778 — Même sujet. Méd. au buste de **Louis Philippe** à g. Rev. L'arc de
triomphe par Montagny. Mm. 52 Br. doré t.b.c.

779 1836. Même sujet. Bustes en regard de **Napoléon** et de **Louis Philippe,** par Montagny. Mm. 26. Ar. Belle.

780 — Même médaille en bronze. Belle.

781 — La même médaille encore plus petite. Mm. 17. Ar. Belle.

782 L'arc de triomphe et l'Obélisque de Lougsor. Belle médaille par Montagny. Mm. 52. Br.

783 — Même médaille plus petite. Mm. 26 Ae argenté. Belle.

784 — Statue en honneur du général **Hoche.** AU GÉNÉRAL HOCHE VER-SAILLES SA VILLE NATALE. Mm. 24. Ar. Belle.

785 1838. Commémoration religieuse de la desstruction de la ville de **Woerden** en 1813 par les **Français.** Dirks 542. Mm. 38. Br. Belle.

786 1839. **Carl XIV Johann (Bernadotte)** roi de Suède protecteur de l'academie royale des sciences à Stockholm. Son buste à dr. par Lundgren. Mm. 56. Br. t.b c.

787 1840. **Translation des cendres de Napoléon** aux Invalides. Son buste à dr. Rev. Etoile, au milieu l'aigle, entre les rais les noms des événéments les plus importants. Mm. 52. Br. t.b.c.

788 — Son buste à g. par Borrel. Rev. L'aigle debout au milieu des signes impériales de Napoléon et des drapeaux, en haut, soleil brillant au milieu N. Mm. 52. Br. Belle.

789 — Même sujet. Buste à dr. par Rogat. Rev. Vaisseau portant le corps de Napoléon en France. Mm. 41. Br. Belle.

790 — Même sujet. Son buste entouré d'une double légende à g. par Montagny. Rev. Tombeau orné d'un trophée de drapeaux. Mm. 41. Br. doré. Belle.

791 — Même sujet. Buste en uniforme à g. par Bovy. Rev. L'Ile de St. Hélène (*mémorial de St. Hélène*). Mm. 41. Br. t.b c.

792 — Même sujet. Tète de Napoléon, entourée de branches de laurier et des noms de batailles. Rev. Monument funéraire dans une draperie de deuil. Jeton rare. Ae. argenté. Beau.

793 — Même avers. Rev. Monument funéraire avec SOUVENIR etc. Ae. portatif. t.b.c.

794 — Même sujet. Tête de l'empereur à dr. sous la tète. JE DÉSIRE QUE MES CENDRES etc., par Montagny. Mm. 26. Ar. Belle.

795 — Même médaille en bronze. t.b c.

796 — Même sujet. Buste de l'empereur à g., par Borrel. Rev. Insignes impériales sur une table. Mm. 26. Br. Belle.

797 — Même sujet. Rev. Tombeau par Caunois. Mm. 25. Br. Belle.

798 — Même sujet. Rev. Navire portant le corps de Napoleon en France. Mm. 26. Br. t.b.c.

799 — Petite médaille par Montagny. Vue de la prise de la Bastille. Rev. Statuette de la Victoire. Mm. 26. Br. Belle.

800 — **Passage à Rouen** des restes mortels de l'Empereur Napoléon. Belle médaille à la tête de Napoléon couchée à g. Rev. Porte de la ville de Rouen avec draperies de deuil, par Depaulis. Mm. 63. Br. t.b.c. Rare.

801 1843. **Règne de 25 ans.** Superbe médaille au buste drapé de **Carl XIV Johann (Bernadotte)** roi de Suède à dr., par Lundgren. Rev. Le roi debout entre Mars et Neptune. ET VIRTUS BELLI ET SAPIENTIA PACIS à l'exergue EXERCITUS SVEC . TERRA MARIQUE D . V . FEBR . MDCCCXLIII. Mm. 82. Bronze. Belle.

802 1843. Même sujet. Buste du roi **Carl XIV Johann** à dr. Rev. La Religion et la Sagesse assises. VOTIS CONCORDIBUS ARDENT et à l'exergue SERVATAE PER ANNOS XXV etc. par Frumerie. Mm. 79. Br. t.b c.

803 — Hommage de l'académie des sciences de Stockholm au roi **Carl XIV Johann.** Méd. au buste à dr. par Lundgren. Mm. 60. Br. t.b c.

804 — Règne de 25 ans du roi **Carl XIV Johann.** Médaille au buste à dr. par Lundgren. Rev. HAUD DIMINUTO SPLENDORE. Etendard près d'un monument avec les signes royales. Mm. 56. **Br.** t.b.c.

805 1844. Mort de **Johannes comte van den Bosch** commandant des troupes assiégéant la ville de **Naarden** en 1814. Son buste en uniforme de face. Dirks 625. Mm. 52. Ar. Belle.

806 — Même médaille en bronze. t.b.c

807 1852. Buste de **Napoléon I** à dr. NAPOLEON LE GRAND. Rev. Buste de **Napoléon (III)** à g. LOUIS NAPOLEON BONAPARTE. Belle médaille par Montagny en 1852. Mm. 34. Br.

808 — Mort du duc de **Wellington.** Petite médaille anglaise. Br. F.d.c.

809 1853. **Tombeau de Napoléon.** Lot de jetons en cuivre, plusieurs variétés ensemble. 8 ps.

810 S.d. Jeton aux têtes du prince Napoléon et de la princesse Clotilde. Ae b.c.

811 1860. Mort du **prince Jérôme (roi de Westphalie).** Jeton à sa tête à g. Ae t.b.c.

812 1863. Mémoire des événéments de 1813. Monument érigé à la Haye. Petite médaille portative. Ar. Belle.

813 — Jubilé sémi-séculaire de l'Indépendance des **Pays-Bas.** Médaille par de Vries, Dirks 902. Mm. 76. Br. t.b.c.

814 — Même sujet. Dirks 909. Mm. 35 Etain t.b.c.

815 — Même sujet. Insigne en argent. Dirks 906 t.b.c.

816 — La même insigne sur une rosette orange. 2 ps. variées.

817 — Même sujet. Insigne avec ORANJE BOVEN. Dirks n. 907. Ar.

818 — Même sujet. Petite médaille en étain aux bustes des 3 rois des Pays-Bas. Dirks 905. Belle.

819 — Jubilé de la bataille de **Leipzig** DEM PEIND ZUR LEHR. Mm. 39. Etain F.d.c.

820 — Jubilé de la bataille de **Leipzig.** Etui contenant un calendrier perpétuel et un livre avec la description de la médaille et de la bataille de Leipzig et une petite gravure avec l'assaut de la porte. Intéressant.

821 1864. Fête sémi séculaire de la délivrance de **Deventer** du joug français. **Mm.** 38. Ar. Belle.

822 — La même médaille en bronze. Belle.

823 — Même sujet. Armoiries de la ville. Méd. de la Société littéraire Demosthenes. Mm. 35 étain t.b.c. Rare.

824 — Jubilé sémi séculaire de la **Réunion de Génève** à la Suisse, par Bovy. Mm. 47. Etain Belle.

825 1865. **Bataille de Waterloo.** Jubilé sémi séculaire dans les Pays Bas. DE STRIK IS GEBROKEN. Mm. 37. Br. Belle.

826 — Même sujet. Médaille en étain par de Vries. Mm. 40 t.b.c.

827 — Même sujet. Médaille en étain **au buste de Guillaume II** par Mansvelt. Mm. 37 t.b.c.

828 1865. Même sujet. Petite médaille en étain au prince d'Orange à cheval
à dr. Mm. 27 t.b.c.

829 — Même sujet, médaille hollandaise aux armoiries des Pays-Bas, de
l'Angleterre et de la Prusse. Mm. 32 b.c.

830 — Même sujet, petite médaille portative en étain au buste de **Guillaume II.** DE HELD VAN WATERLOO t.b.c.

831 — Même sujet. Insigne en argent avec 18 JUNI—WATERLOO -1815.
1865 sur une rosette orange avec rubans tricolores.

832 — Même sujet. Insigne en argent. Buste de **Guillaume II** a g. 1813.
NEDERLAND IS VRIJ 1815. 'T DULDT GEEN DWINGLANDIJ sur
une rosette orange, avec des rubans tricolores.

833 — Insigne en argent au buste du roi **Guillaume II** 18 JUNY—1815 —
WATERLOO—1815.

834 — Même sujet Médaille insigne aux têtes de Blucher, le prince d'Orange
et Wellington, 2 ps. variées

835 — Même sujet. Fêtes en Belgique. Médaille de la Société de Waterloo
à Bruxelles. Br. doré, portative.

836 — Même sujet. Fêtes à **Hanovre.** Mm. 30. Ae. t.b.c.

Médailles omises.

837 1799. **Napoléon Ier consul.** Buste à g. Rev. Légende. Millin pl. XIII
n. 44 Mm. 32. Br. t.b.c.

838 1798. **Conquête de la Basse Egypte.** M. pl. VI n. 18. Br. t.b.c.

839 1801. **Paix et amitié entre la France et la Russie.** Petite médaille rare.
M. pl. LXII n. 397. Ae. Belle.

840 1803. **La ville de Lille au Ier Consul.** Buste de Bonaparte à g. par
Auguste. M. pl. XXIX n. 73* Mm. 50. Br. t.b.c.

841 1804. **Préfecture de la Seine.** Jeton de présence. M. pl. XXXIX n. 200.
Ae. Beau.

842 1805. **Ecole de médecine de Paris.** Jeton au buste de Hippocrate. M. pl.
XXVIII n. 194. Br. t.b.c.

843 1807. **Pièce d'essai** par **Vassallo** au buste de l'Empereur de face. M. pl.
LXVII n. 443. Br. Belle.

844 (1808). **Royaume de la Hollande.** Sceau. CONVOYEN EN LICENTEN.
Armoiries du royaume. Ae.

845 1809. **Sept écossais réunis.** O ∴ DE PARIS. Rev. Insignes maçonniques
sur une étoile. La douce et confiante amitié les unit 5809. Mm. 30. Ae.
t.b.c. Rare.

846 — **Jeton de l'Imprimerie Impériale.** Buste de l'Empereur à dr. Rev.
IMPRIMERIE — IMPÉRIALE — DÉCRET DU XXIV MARS M.
DCCC. IX Br. t.b.c.

847 — **Chambre de commerce d'Anvers.** Jeton au buste de Napoléon à dr.
M. pl. LIV n. 308. Br. t.b.c.

848 **Het Dolhuis.** Gravure satirique coloriée **Napoléon** dans son prison à
Elbe tache engager le sentinelle en lui offrant la légion d'honneur. On
voit plusieurs souris entrer le prison. t.b.c.

849 Autre gravure satirique, au buste de Napoléon. Epaulette en forme de main, sur les doigts *Engeland, Rusland, Oostenrijk, Pruisen, Zweden.* Dans le visage de Napoléon on voit plusieurs personnes battantes.

850 s.d. Plaquette en étain par Andrieu à la tête laurée de l'empereur Napoléon à g. Mm. 65. Belle.

851 1804. **République Batave.** Méreau de la corporation des forgerons „St. Eloy" à Amsterdam au nom de *Pieter Eysen 1804.* Ae. t.b.c.

852 Médaille comme boîte en étain. Avers, l'Empereur Napoléon à cheval à g. NAPOLEON I EMPER. D. FRANC, ET ROI D'ITALIE. Rev. Minerve debout plaçant une couronne de laurier sur un autel LA VALEUR ET LA VICTOIRE, contenant 24 épisodes, imprimée en couleurs, des batailles de 1795—1809. Belle pièce rare. Mm. 50.

853 Médaille comme boîte. Buste d'un soldat français de face. **Grenadier Français.** Rev. Dans une couronne A **la gloire des armées françaises,** contenant 32 descriptions imprimées des événéments les plus importants des années 1796—1813.

Pièce intéressante dans un cadre en cuivre sous verre.

Monnaies de la Révolution et de la République française.

854 1791. Dixain. Hennin pl. 31 n. 336. Métal de cloche t.b.c. petit trou.
855 — Demi Monneron. Médaille de confiance pour deux Sols. H. pl. 32, 342. Ae b.c.
856 — Deux Sols, pl. 29 n. 318. Ae b.c.
857 — Deux Sols, 6 Deniers à la tête de la Liberté à g. H. pl. 32 n. 346. Ae t.b.c.
858 — Trois Sols pl. 32 n. 345. Ae b.c.
859 1792. Ecu de 6 Livres. H. pl. 40 n. 413. Ar. b.c.
860 — Lefevre Lesage & Cie. Bon pour 20 Sols pl. 43 n. 441. Ar b.c.
861 — Lefevre Lesage & Cie. Bon pour 5 Sols pl. 43 n. 444. Ar. t.b.c.
862 — Manufacture de porcelaine. Bon pour 7 Sols, pl. 43 n. 448. Ar. Beau.
863 — Manufacture de porcelaine. Bon pour 5 Sols, pl. 43 n. 449. Ar. F.d.c.
864 — Essai pour une pièce de 5 Francs. Tête de la Liberté à g. Rev. Légende en 10 lignes. H. pl. 37 n. 387. Métal de cloche, dorée.
865 — Monneron de 5 Sols. H. pl. 42 n. 430, 431 et 432. Ae. 3 ps. variées.
866 — Monneron de 2 Sols. H. pl. 42 n. 436 et 437. Ae. 2 ps. variées.
867 — 2 Sols, fr. à Paris et à Lille. H. pl. 41 n. 417. Ae. 3 ps.
868 — 12 Deniers, fr. à Paris et à Lille. H. pl. 41 n. 418. Ae. 2 ps.
869 1793. Ecu de 6 Livres au buste, fr. à Paris. H. pl. 59 n. 589. Ar. Beau.
870 — Ecu de 6 Livres avec mention de la valeur, fr. à Paris pl. 59 n. 598. Ar. b.c.
871 — 2 et 1 Sol, fr. à Limoges et à Bayonne. pl. 59 n. 600 et 601. Ae. 2 ps.
872 s.d. Louis XVII. Essai. Buste du jeune roi à g. LOUIS XVII . ROI . DES FRANÇOIS. Rev. Victoire écrivant etc. REGNE DE LA LOI. Ae. F.d.c.
873 1798. Un Centime, pl. 88 n. 868. Ae.
874 An 8. Essai de 2 Décimes de Lorthior. Buste de la République à g. au-dessous. LOR F. Ar. Beau.
875 — Décime, fr. à Metz. Ae. b.c.
876 — Cinq Centimes, fr. à Lille et à Strasbourg, Ae. 3 ps.

Napoléon, Ier Consul et Empereur.

877 **An 12.** *20 Francs*, fr. à Paris. Or. Beau.
878 **An 13** Franc et ¹/₄ Franc. Paris. Ar. 3 ps. t.b.c.
879 **An 14.** Pièce de 40 Francs fr. à **Turin.** Or. t.b.c. Très rare.
880 — *20 Francs* fr. à **Turin.** Or. t.b.c.
881 **An 14.** 5 Francs fr. à **Turin.** Ar. b.c.
882 1806. *20 Francs* fr. à Turin. Or. b.c. Rare.
883 — Franc et Demi Franc. Paris. Ar. 2 ps.
884 1807. 20 Francs fr. à **Turin.** Or. t.b.c. Rare.
885 — Demi Franc. Paris. Ar. t.b c.
886 1808. 20 Francs fr. à **Turin.** Or. t.b.c.
887 — **5** Francs fr. à Lille. Ar. b.c.
888 — 1 Franc. Lille. Ar. 2 ps.
889 — 10 Centimes. Paris. Billon. 5 ps.
890 — **5** Centimes. Strasbourg. Ae Beau.
891 1809 –1810. Demi Franc. Ar. 2 ps.
892 1810. 20 Francs fr. à **Turin.** Or. t.b.c.
893 1811. 20 Francs fr. à **Turin.** Or. t.b.c. Rare.
894 — 5 Francs fr. à **Turin.** Ar. t.b.c.
895 — 2 Francs. Paris Ar. b.c.
896 1812. 20 Francs fr. à Rome. Or. t.b.c. fort rare.
897 — 5 Francs fr. à Rome. Ar. t.b.c. Rare.
898 — 5 Francs fr. à Turin. Ar. t.b.c.
899 — 5 Francs fr. à Utrecht. Ar. t.b.c.
900 — Demi Franc. Paris et 1815. Décime fr. à Strasbourg par Louis
    XVIII. 2 ps.
901 1813. 20 Francs fr. à Utrecht. Or. t.b.c.
902 — 5 Francs fr. à Rome. Ar. t.b.c. Rare.
903 — 5 Francs fr. à Turin. Ar. t.b.c. Rare.
904 1814. 5 Francs fr. à **Perpignan.** Ar. t.b.c.
905 1815. Cent jours. 5 Francs fr. à Rouen. Ar. t.b.c. Rare.
906 — Cent jours. 5 Francs fr. à Paris. Ar. t.b.c.
907 — Cent jours. 2 Francs fr. à Paris. Ar. Beau.
908 **Napoléon II** 1816. 5 Centimes. Essai Ae F.d.c.
909 **Louis XVIII.** 1815. 20 Francs fr. à Lille. Or. Beau.

Monnaies ayant rapport à la République Française et aux séries Napoléoniennes.

République Batave.

910 1795. 3 Florins fr. à **Hoorn. Ar.** t.b.c.

911 — Rijksdaalder à l'homme debout fr. **à Hoorn, var.** inédite avec **CRES-CNUT** (au lieu de **CRESCUNT) Ar.** t.b.c. Rare.

912 — Florin fr. à **Harderwijk. Ar.** t.b.c.

913 — Florin fr. à **Dordrecht. Ar.** t.b.c.

914 — Demi Florin fr. à **Utrecht. Ar.** t.b.c.

915 1796. Ducat fr. à **Dordrecht. Or.** Beau.

916 — Florin fr. à **Hoorn. Ar.** t.b.c. Rare.

917 — 1797. Dute fr. à **Middelbourg.** Ae b.c.

918 1798. Ducaton fr. à **Utrecht.** Cavalier armé de toutes pièces galopant à dr. au-dessous les armoiries d'Utrecht. **Ar.** Beau, fort rare.

919 — Rijksdaalder fr. à **Middelbourg,** Variété inédite avec le 6 de la date 1796 transformé en 8. **Ar.** F.d.c. Rare.

920 — Rijksdaalder fr. à **Middelbourg. Ar.** t.b.c. Rare.

921 1799. Ducat fr. à **Utrecht. Or.** Beau.

922 1800. Ducat fr. à **Utrecht. Or.** Beau, Rare.

923 — Florin fr. à **Dordrecht. Ar.** t.b.c. date fort rare.

924 1801. Ducat fr. à **Utrecht. Or.** Beau Rare.

925 — Rijksdaalder fr. à **Utrecht. Ar.** Beau.

926 1802. Ducat fr. à **Utrecht. Or.** F.d.c.

927 — Rijksdaalder fr. à **Dordrecht. Ar.** t.b.c. Rare.

928 — Rijksdaalder fr. à **Utrecht. Ar.** b.c.

929 1803. Double Ducat fr. à **Utrecht. Or.** F.d.c. Extrêmement rare.

930 — Ducat fr. à **Utrecht. Or.** Beau.

931 — Rijksdaalder fr. à **Utrecht. Ar.** F.d.c. Rare.

932 1805. Ducat fr. à **Utrecht. Or.** t.b.c.

933 — Rijksdaalder fr. à **Utrecht. Ar.** Beau.

Royaume de Hollande.

934 Louis Napoléon. (1806—1811). 1806. Double Ducat au chevalier, fr. à Utrecht. Voir Nahuys pl. VII.44. Or. F.d.c. Extrêmement rare.

935 — Ducat. Voir Nahuys pl. VII.45. Or. Beau.

936 1808. Ducat au chevalier debout, fr. à Utrecht. Nahuys pl. VII n. 45.
Or. F.d.c. fort rare.

937 — Pièce de 2¹/₂ Florins. Tête de Louis Napoléon à dr. signée en toutes
lettres GEORGE F. Nahuys pl. VIII n. 57. Ar. Belle. Rare.

938 — Pièce de 2¹/₂ Florins, comme la pièce précédente, seulement de la
signature on ne voit que G . . . F. De toute beauté. Ar. Rare.

939 — Pièce de 50 Sous à l'effigie du roi Louis Napoléon. Ar. t.b.c.

940 — Rijksdaalder à l'ancien type fr. à Utrecht. Nah. pl. VII n. 46. Ar. Beau.

941 1809. Ducat au buste et aux armoiries. Nah. pl. XII n. 81. Or. De toute
beauté.

942 — Ducat au buste et au chevalier. Nah. pl. VIII n. 55. Or, Beau. Rare.

943 — Rijksdaalder. Tête du roi à dr. LODEW. NAP. KON. VAN HOLL.
Rev. Armoiries entre R—Dʀ à l'entour KONINGRIJK HOLLAND, pl.
XII n. 82. Ar. F.d.c. fort rare.

944 — Florin sans nom de graveur. pl. VIII n. 58. Ar. F.d.c. Rare.

945 — Demi Florin. pl. VIII.59. Ar. F.d.c. Rare.

946 1810. Pièce de 20 Florins sans nom de graveur. Tête du roi à g.
LODEW. NAP. KON. VAN HOLL. Rev. Armoiries couronnées entre
20—Gɴ. dessous 1810 à l'entour KONINGRIJK HOLLAND. Nah. pl.
VIII n. 53. Or. Très beau. Rare.
Voir la gravure.

947 — Ducat au buste et aux armoiries. pl. XII.81. Or. t.b.c.

La Hollande sous l'Empire français.

948 **Napoléon I.** 1813. 20 Francs, fr, à Utrecht. Or. t.b.c.

949 — 1812. 5 Francs, fr. à Utrecht. Ar. t.b.c.

950 — 1813. 5 Francs, fr. à Utrecht. Ar. t.b.c.

951 — 1813. 2 Francs, fr. à Utrecht. Ar. t.b.c. Rare.

Les Pays-Bas.

952 **Guillaume Frédéric, prince souverain.** 1814. Ducat au chevalier. Or. Beau

953 1815. Ducat au chevalier. Or. Beau.

Colonies hollandaises.

954 **Rép. Batave.** 1797. Lingot (Bonk) d'un Sou. Ae. t.b.c.

955 1798. Lingot d'un Sou. Ae. t.b.c.

956 1799. Sou rond. Ae. t.b.c.

957 1800. Sou rond. Ae. b.c. Rare.

958 1802. Roupie de Batavia. Netscher pl. VI n. 37ᴀ. Ar. Belle. Rare.

959 — Suite d'1, ¹/₂, ¹/₄, ¹/₈ et ¹/₁₆ Florin au navire. Ar. 5 ps.

960 — Florin au même type contremarqué à Soumenep. Ar. t.b.c. Rare.

961 — Lingot d'un Sou. Ae. b.c.

962 1804. Roupie fr. par Zwekkert. Ar. t.b.c. Rare.

963 Royaume de Hollande. Louis Napoléon 1808. Dute. Nahuys pl. VII
n. 47. Ae. 2 ps.

964 1809. Lingot de 2 Sous. Comp. Nahuys pl. XII n. 88. Ae t.b.c. fort rare.

965 1808. Dute. Nah. pl. VII n. 50. Ae b.c.

966 1809. Dute avec L . N pl. XII n. 84. Ae b.c.

967 1810. Dute avec L N en monogramme pl. XII n. 85 2 ps. var. Ae b.c.

968 — Demi Sou pl. XII n. 87. Ae b.c.

969 1811. Demi Sou au même type. Ae b.c.

970 — Dutes avec L N en monogr. pl. XII n. 85, 3 ps. var. Ae.

Royaume d'Italie.

971 Napoléon I. 1811. Pièce de 5 Lire. Vénise. Ar. Belle.

972 1812. Pièce de 5 Lire. Milan. Essai frappée sur flan bruni. Ar. Superbe.
Rare.

973 — Pièce de 5 Lire. Vénise. Ar. Belle.

974 1814. Pièce de 5 Lire. Milan. Essai frappée sur flan bruni. Ar. Superbe
Rare.

975 — Pièce de 2 Lire. Milan. Ar. Belle.

976 2 Lire de 1813, Bologne et 1812. Vénise Ar. 2 ps. b.c.

977 1814. Lira. Milan. Ar. F.d.c.

978 1810. Lira. Milan. Ar. t.b.c.

979 1811. 10 Soldi. Milan Ar. Beau.

980 1810. 10 Soldi. Milan. Ar. t.b.c.

981 5 Soldi de 1809, 10, 11, 12 et 13. Milan. Ar. 7 ps.

982 10 Centesimi de 1813. Milan. Beau.

983 1808. Soldo. Bologne. Ae. Beau.

984 1809. Soldo. Milan. Ae Beau.

985 Soldo de 1808. Bologne, de 1807, 8, 11, 12, 13 Milan. Ae 11 ps.

986 3 Centesimi de 1807, 9, 10, 12 et 13 Milan. Ae 10 ps.

987 Centesimo de 1807, 8. 10, 12, 13 Milan, de 1808 Bologne, de 1808, 9,
10, 11, 13 Vénise. Ae 14 ps.

Naples et Sicile.

988 Joseph Napoléon. 1806. Ecu de 120 Grani à la tête du roi à g. Ar.
Beau Rare.

989 — 1807. Ecu de 120 Grani au buste à g. Ar. Très beau. Rare.

990 — 1808. Ecu de 120 Grani au buste à g. Ar. Beau. Rare.

991 Joachim Murat grand-amiral de France. 1810. Pièce de 12 Carlins. Son
buste à g. Rev. DODICI CARLINI 1810 dans une couronne et à l'entour PRINCIPE E GRAND-AMIRAGLIO DI FRANCIA. Ar. F.d.c. Rare.

992 — Même pièce. Ar. t.b.c. Rare.

993 1813. Pièce de 5 Lire au buste à dr. Ar. Belle Rare.

994   1810. *3 Grana* avec 3 GRANA et GRANA 3. Ae 2 var. a.b.c.

995   — *2 Grana* 2 var. avec SICILIE et SICI. Ae 2 ps. a.b.c.

996   **Fermo**. 1798. Mezzo Baiocco. Ae t.b.c. Rare.

997   **Etrurie**. Charles Louis et Marie Aloyse 1806. Lira. Ar. t.b.c.

998   **Gênes**. 1794. 10 Soldi. Ar. t.b.c.

999   **Parme**. Marie Louise d'Autriche. (*Impératrice*) 1815. 2 Lire. Ar. Beau.

1000   1830. 5 et 1 Centesimi. Ae 4 ps.

1001   **Piémont et Turin**. Demi Ecu au VII (1799) La liberté passant au pied des montagnes. Rev. Dans une couronne MEZZO SCUDO. Ar. t.b.c. Rare.

1002   An 14. 5 Francs frappé à Turin. Ar. b.c. Rare.

1003   1806. 20 Francs fr. à Turin. Or. t.b.c.

1004   1811. 20 Francs fr. à Turin. Or. t.b.c.

1005   — 5 Francs fr. à Turin. Ar. t.b.c.

1006   **Rome**. 1812. 20 Francs fr. à Rome. Or. t.b.c.

1007   — 5 Francs fr. à Rome. Ar. t.b.c.

1008   **République Cisalpine**. An IX. Pièce de 30 Soldi au buste de Minerve à dr. Ar. t.b.c.

1009   **Terni**. 1797. Otto Baiocchi. Ae. t.b.c. 2 ps. variées.

1010   **Royaume de Westphalie**. Jérôme Napoléon. 1812. Thaler de convention au buste à dr. Ar. t.b.c.

1011   1811. Thaler des mines de Mansfeld. SEEGEN DES MANSFELDER BERGBAUES. Ar. t.b.c.

1012   1812. Gulden ($^2/_3$ Thaler) au buste. Ar. t.b.c.

1013   1810. XXIIII Mariengroschen. Armoiries et légende. Ar. b.c.

1014   1809. $^1/_6$ Thaler. (B). Ar. t.b.c.

1015   1809 et 1810. $^1/_{12}$ Thaler. (C). Ar. 2 ps.

1016   1808. $^1/_{24}$ Thaler. (F). 1809. $^1/_{24}$ Thaler. C. et F. 3 ps.

1017   1809. 4 Pfennig (C) 2 ps. et 1 Pfennig. 1808. (C) ensemble. 3 ps.

1018   20 Centimes. 1810 et 1812. (C) Billon. 2 ps.

1019   1809 et 1812. Pièces de 5 Centimes. Ae. 14 ps. t.b.c.

1020   1809, 10, 12. Pièces de 3 Centimes. Ae. 14 ps.

1021   1809, 10, 12. Pièces de 2 Centimes. Ae. 13 ps.

1022   1 Centime de 1809 et 1812. Ae. 11 ps.

1023   **Espagne**. Joseph Napoléon. 1811. Pièce de 20 Réaux au buste à g. Ar. Beau. Rare.

1024   1810. Pièce de 4 Réaux. Ar. t.b.c.

1025   1811. Pièce de 4 Réaux. Ar. t.b.c.

1026   — Pièce de 2 Réaux b.c. et une pièce d'1 Réal. Usée. Ar. 2 ps.

1027   **Catalogne**. 1810 et 1811. Pièces de VI Quartos. Ae. 2 ps.

1028   **Gibraltar**. 1802. Pièce de 2 Quartos. Ae. b.c.

1029   **Suède**. Carl XIV Johann (Bernadotte) 1831. 2 Rixdaler Species au buste. Ar. Beau.

1030   — 1835. $^1/_{16}$ Rixdaler Species au buste. Ar. Beau.

1031   **République Helvétique**. 1798. Ecu de 40 Batzen fr. à Soleure, Homme portant un drapeau. Ar. F.d.c.

1032   **Appenzell**. 1812. Ecu de 4 Frank, tranche fleuronnée. Ar. Superbe.

1033   **Berne**. 1797. Ducat au Suisse debout DEUS PROVIDEBIT à l'exergue 1797. Rev. Ecu couronné de Berne RESPUBLICA BERNENSIS. Or. F.d.c. Rare.

1034   1798. Ecu. Armoiries de Berne à l'entour RESPUBLICA BERNENSIS. Rev. Suisse debout dessous 1798 à l'entour DOMINUS PROVIDEBIT, tranche fleuronnée. De toute beauté. Ar.

1035   — Ecu, variété de gravure de la pièce précédente, les armoiries plus petites, la date plus grande et le Suisse plus petit. Ar. de toute beauté.

1036   1797. Demi Ecu, au même type. Ar. Beau.

1037   1810. 5 Batz. Ar. Beau.

1038   Ecu de Louis XV de 1737 contremarqué de l'écu de Bern et de 40 BZ. Ar. t.b.c.

1039   **Genève**. 1794. 15 Sols. Ar. b.c.

1040   **Graubünden**. 1813. Pièce de 16 Schweizer Franken. Armoiries posées en triangle CANTON—GRAU—BüNDEN. Rev. Dans une couronne de laurier 16—SCHWEIZER—FRANKEN—1813. Or. Superbe, fort rare.   *Voir la gravure.*

1041   **Lucerne**. 1814. Pièce de 4 Franken au Suisse debout. Ar. Beau.

1042   **Neuchâtel**. Alexandre Berthier. Batz de 1806. ¹/₂ Batz de 1809 et 1 Creutzer de 1808. 3 ps. b.c.

1043   **Zurich** 1813. Ecu de 40 Batz. Ar. F.d.c.

1044   — Ecu de 40 Batz. Variété de gravure, la date 1813 plus grande. Ar. F.d.c.

1045   **Anvers** *assiégée en 1814.* Obsidionale de 10 Centimes. 2 ps. var. Ae.

1046   Obsidionale de 5 Centimes. 2 ps. var. Ae.

1047   **Autriche**. François II 1800. Pièces de 6 et 3 Kreuzer. Ae 2 ps. t.b.c.

1048   — 1807. Pièces de 30 et 15 Kreuzer. Ae 2 ps. belles.

1049   **Fulda**. Adalbert d'Harstall 1795. Thaler de contribution. Armoiries et légende. Maill. pl. XL, 2. Ar. Beau.

1050   **Saxe**. Frédéric August 1808. Thaler de convention. Ar. t.b.c.

1051   **Schaumburg-Lippe**. George Guillaume mineur. 1802. Thaler de convention. Reimm. 5227. Beau.

1052   **Würzbourg**. George Charles 1796. Pièce de 20 Kreuzer. Ar. Belle.

Médailles et Jetons historiques.

1053 s.d. Jeton d'Isabeau de Bavière épouse de Charles VI, roi de France. Avers. Armoiries de Bavière, rev. croix fleurdelisée. Ae. b.c.

1054 1415. Martyre de Jean Huss. Buste en bonnet à dr. IOA — HVS. Rev. Huss sur le bûcher. v. Mieris I p. 29 n. 3. Mm. 32. Ar. t.b.c.

1055 s.d. Jeton de Jean de Heinsberg. (1419—1459.) Ecu rond et en plein champ de Heinsberg. SIT NOM : DNI : BNDICT : EX… HC . Z V… ISV. Rev. Forge accostée des lettres D—A. Lég. int. × DA | × DA | × DA | × DA | × DA | × DA. Cpz. Dugniolle n. 47. Ae. b.c. fort rare. troué.

1056 Lorenzo de Médici 1469—1492 et Guiliano Ier de Médici tué en 1478 Médaille faite à l'occasion de la conjuration des Pazzi en 1478. Méd. par Ant. del Pollaiuolo. Armand 59 n. 1. Mm. 64. Br. b.c. coulée.

1057 Giovanni Caroto peintre véronais né en 1470 + 1546. Son buste fort en relief à g. IOHANNES CAROTVS PICTOR. Rev. Un adolescent nu assis devant un pupitre, dessinant, devant lui est un jeune homme nu debout. OP. × IV × TR (Guilio della Torre) Armand p. 130 n. 4. Mm. 69. Br.

1058 Niccolo Tempe de Trévise. Son buste fort en relief à g. NICOLAVS TEMPE TAR. Rev. Un dragon tourné à dr., tenant dans sa gueule une balance. Armand II p. 72 n. 14. Mm. 48. Br. Coulée.

1059 Lucrezia Borgia femme d'Alfonso I d'Este née 1480 + 1519. Son buste en relief à g. Rev. Un amour attaché à un laurier. Armand I p. 118 n. 3. Mm. 59. Br. Coulée.

1060 1525. ∽ WOLF ∽ KECZEL ∽ ZC : ZC ∽ M : D : XXV ∽ Buste de Wolf Ketzel en bonnet avec de grandes moustaches tourné à g. Son buste orné d'une double chaine. Mm. 45. Ar. Beau travail postérieur.

1061 1534. Médaille des Anabaptistes à Munster, var. de van Mieris II p. 406 n. 1., les caractères plus grandes. Mm. 47. Ar. t.b.c. Rare.

1062 — Guerre contre les Turcs. Jeton de Lille CHARLES * EMPEREVR * V * DE * CE * NOM. Buste à dr. Dugn. 1296. Ae. t.b.c. Rare.

1063 — Jeton. Mort du pape Clément VII. Charles V couronné assis sur le trône. Rev. Ecu parti de Bourgogne -Espagne. Dugn. 1293. v. Mieris II p. 400 n. 1. Ae. t.b.c. Rare.

1064 1538. Jeton. Mort d'Erard de la Marck. Ecu échancré d'Erard de la Marck surmonté du chapeau de cardinal. × ✠ × ERARDVS * DE * MARCHA * CA — RDINALIS * LEODIENSIS. Rev. Dans une épicycloïde de 25 arcs. × VOTIS ×—× DECIPIMVR × Cpz. Dugn. n. 1339 et v. Mieris II p. 414. Ae. t.b.c. fort rare.

1065 1539. Jeton des Messieurs des finances à Lille. Dugn. 1399. Ae. b.c.

1066   1541. Jeton. **Expédition contre l'Alger.** Dugn. 1476. Cpz. v. Mieris III p. 47.2. Ae. a.b.c.

1067   1542. Jeton. Préparatifs de guerre contre la Gueldre. v. Mieris III p. 56 n. 2 avec les lettres M. C Dugn. 1492. Ae. a.b.c.

1068   1544. Concile de Trente. Cpz. v. Mieris III p. 112 n. 2. Ar. b.c.

1069   — **Concile de Trente.** Tête du pape et du diable. CORVI . MALVM. OVVM . MALII. Rev. Tête de cardinal et d'un fou. ET . STVLTI . ALIQVANDO . SAPITE . MDXLIIII. Médaille inédite. Mm. 44. Ae. t.b.c. Rare.

1070   — **Concile de Trente.** Var. de gravure de van Mieris III p. 112 n. 4. Ar. b.c.

1071   — Même sujet. Compz. v. Mieris p. 112 n. 2. Ar. b.c.

1072   1547. Jeton de George d'Autriche évêque de Liége. GEORGIVS . AB — AVSTRIA . D . GRA. Ecu de George d'Autriche. Rev. CONFIDE * — * ET * AMA. Deux personnages, accostant une croix surmontée du St. Esprit. v. Mieris III p. 83 n. 1 sans date. Dugn. 1688. Ae. t.b.c. Rare.

1073   1548. Jeton de George d'Autriche évêque de Liége. Armoiries. Rev. ✠ NON . VIDEMVS . MALICE . QVIT . E . TERGO . EST. George d'Autriche marchant. Cpz. Dugn. 1715 et v. Mieris III p. 83 n. 2. Ae. t.b c. Rare.

1074   1549. Médaille ancienne coulée aux sujets bibliques. Naissance du Christ, à l'exergue 1549, à l'entour. NATVS EST VOBIS etc. Rev. L'Adoration des Mages. MAGI AB ORIENTN etc. Mm. 47. Ar. b.c.

1075   — Philippe II inauguré comte de Zélande. Jeton rare. Dugn. 1767. v. Mieris III p. 229. Ae. b.c.

1076   s.d. **St. Paul.** Buste de St. Paul à g. dessous dans un cartouche PAVLVS. Lég. MIHI . ISTE . VI . PORTET etc. Combat, dessous SAVLVS à l'entour O . SAVL . SAVL etc. Mm. 40. Ar. b c.

1077   1554. Jeton de Lille aux bustes de **Charles V** et de **Philippe II.** Dugn. 1986. Ae. a.b.c.

1078   1555. Jeton. **Abdication de Charles V.** Jeton de la chambre des comptes en Hollande. Dugn. 2002. v. Mieris III p. 372 n. 3. Ae. t.b.c.

1079   1556. Jeton du **duc d'Aerschot.** PHLE . SYRE . DE . CROY . DVC . DARSCHOT. Son buste à dr. v. Loon I éd. holl. 14 éd. fr. 13. Dugn. 2109. Ae. t.b.c. Rare.

1080   1557. **Philippe II roi d'Espagne et des Indes.** Buste du roi cuirassé et drapé à g. PHILIPPVS . D . G . ET . CAR . V . AVG . PAT . BENIGNIT . HISP . REX 1557. Hercule portant le globe . VTQVIES. CAT . . ATLAS . v. Loon I éd. holl. et fr. p. 8 n. 2. Armand p. 238 n. 1. Mm. 42. Br. fort rare.

Voir la gravure.

1081   1559. **Mariage de Philippe II avec Isabelle de Valois.** Buste de **Philippe II** à g. dessous I . PAVL . POG . F . lég. PHILIPPVS . II . HISPAN . ET NOVI ORBIS OCCIDVI REX . Rev. Buste **d'Isabelle de France,** dessous I . PAVL . POG . F . ISABELLA VALES . PHILIPPI . II . HISP . REGIS . VX . v. Loon I éd. holl. p. 30. éd. fr. p. 31 n. 1. Armand p. 239 n. 6. Mm. 38. Br. Rare.

Voir la gravure.

1082   — **Jeton. Le Château de Bouillon** réstitué à Robert de Bergues évêque de Liége + FOEDERE . INT' . REG' . HISP' . ET . GALL . INITO. Le château fort de Bouillon, en haut BVLLON . Rev. BVLLONIO .

ROB' . BERG' . EP . LEO' . EC' . RESTI . Ecu oval de Robert de Bergues accosté de la date 15—59. Var. de v. Loon I éd. holl. 30 éd. fr. 29. sans des canons sur les remparts et avec des cercles inté- rieures. Dugn. 2192. Ae. t.b.c. fort rare.

1082a 1559. Jeton. Mariage de **Phillipe II avec Isabelle de France.** Dugn. 2210. Ae. Avers t.b.c. Rev. a.b.c.

1083 — **Jeton. Mariage de Philippe II et Isabella,** aux bustes opposés et aux armoiries ovales. Dugn. 2200. v. Loon I éd. holl. 31 éd. fr. 30 n. 3. Ae. a.b.c.

1084 S.d. Médaillon uniface au buste à dr. de **Gillis Smissert (v. d. Smis- saert).** GILLIS . SMISSERT . D' . IEVNG . .ET . Z6. Son buste barbu à dr. Mm. 36. Ar. Beau travail. Fort rare.
Voir la gravure.

1085 1561. **Viglius Zuichem ab Ayta** chancelier. Jeton au buste à dr. Dugn. 2271. v. Loon I éd. holl. 42 éd. fr. 40 n. 1. Ae. t.b.c. Rare.

1086 1562. Jeton de la chambre des comptes en **Gueldre.** Dugn. 2320. Ae. b.c. troué. **Rare.**

1087 — **Apparition d'une comète.** Jeton, au buste de Philippe II et à l'adoration des Mages. Dugn. 2322. Ae. b.c

1088 1565. Jeton de la **Chambre des Comptes à Lille.** var. de Dugn. n. 2425 avec **+** AD . VSVM . CAMERÆ . RATIONVM : EN et au rev. : VTRINQVE : × : CALCVLI : × : PONENDI : Cpz. v. Hende pl. 39 n. 362. Ae. Beau.

1089 1566. *Jeton.* **Protestations du Seigneur de Bréderode contre l'Inqui- sition.** AGERE . AVT . PATI . FORTIORA . 1566. Bras tenant épée au milieu des flammes. Rev. ET . SI . MORTVVS . VRI. Tête de sanglier au milieu des flammes, à l'ex. CALC. VIAN. v. Loon I 79—78. Dugn. 2488. Ae. t.b.c. fort rare.

1090 1569. Vengeance du duc d'Albe contre la ville d'Utrecht. Jeton. Dugn. 2492. v. Loon I 127—125. Ae. t.b.c.

1091 1571. **Evénéments importants dans les Pays-Bas.** Un homme noble est attaqué par un soldat espagnol. ⊛ MENICH ⊛ BENYT ⊛ DAT ⊛ EEN ⊛ ANDER ⊛ GHENIET. Rev. Deux gentilhommes, leurs ba- rettes dans les mains. ⊛ ALS : I : HIJ : MEDE : GENIET : SO : IST : HEM : GEEN : VERDRIET. Revue Belge 1878 pl. I n. 6. Dirks Penningk. Rep. n. 489. Mm. 43. Ar. Médaille fort intéressante.

1092 1573. **Départ du duc d'Albe** des Pays-Bas. Jeton en argent. Dugn. 2591. v. Loon I 174—172. Ar. t.b.c.

1093 — Même jeton, variété sans cercle intérieure à dr. et avec CAPRI- MVLGI ⊛ Ar. Belle.

1094 1575. **Liberté des cultes.** Jeton en argent. Dugn. 2647. v. Loon I 204—201. Ar. Beau.

1095 — Même jeton, le chapeau un peu plus petit. Ar. t.b.c.

1096 1576. *Jeton.* **Pacification de Gand.** Var. de van Loon I 228--224 sans main dans les nuages. Dugn. 2694. Ar. t.b.c.

1097 1577. **Evacuation de Tholen par les Espagnols.** Jeton. Var. de van Loon I 232—228 et de Dugn. 2710 avec GRATI .:. A . DEI . SVM . QVOD . SVM. Ae. t.b.c.

1098 — *Rupture des négociations avec* **Don Juan.** Jeton. Dugn. 2713. v. Loon I 233—229. Ae. b.c.

1099 1579. **Traité de Bruxelles** (L'Edit éternel) Avers de van Loon 238 - 234 n. 1. Revers de van Loon 234—230 n. 1. Mm. 45. Ar. t.b c. Rare.

1100   1578. Elevation du prince d'Orange au Stadhoudérat. Jeton. Dugn. 2743 v. Loon I 249—245 n. 1. Ac. Beau.

1101   1580. MATHIAS DG ARCH AVST Z GVB ET CAP GEN BELG. Buste de Mathias d'Autriche à dr. Rev. AMAT . VICTORIA . CVRAM * Armoiries couronnées entre 15—80. Mm. 32. Ar. gr. 34.5 Piedfort Médaille retouchée.

1102   — Jeton. Rupture des negociations à Cologne. Dugn. 2800. v. Loon I. 279—274. Ar. t.b.c.

1103   1581. Jeton. Prise de **Tournai** par le prince de **Parme**. v. Loon I 305—299 n. 1. Dugn. 2841. Ae. t b.c. Rare.

1104   1582. **La ville de Dokkum** munie de nouvelles fortifications. SI . DOMINVS . NON . CVSTODIAT . CIVITATEM . FRVSTRA . VIGILAT . CVSTOS . PSA : 127. Les armoiries de la ville, dessous DOCKVM. Rev. Lég. en 12 lignes v. Loon I 327—321 n. 1. Mm. 48. Ar. Belle et rare.

1105   — *Jeton en or. Réconstruction de la citadelle de Dokkum.* SIGIL . MAIVS . CIVIT DOCCVM. Le château fort. Rev. Légende en 12 lignes. UBBO DUX — FRISIÆ DOCCVMBURG – CONDIDIT Aº 248 UBI CUN-DOBALD REX . CIVITATI . — DOCCVM MÆNIIS CINXIT. Var. de v. Loon I p. 327—321 n. 2 et de Dugniolle 2906. Or. gr. 25 Beau. Rare.

1106   — **Etat malheureux de Hainaut.** Jeton. Dugn. 2857. v. Loon I 302—297 n. 2. Ae. b.c.

1107   — Même jeton. Dugn. 2858. Ae. b.c.

1108   — Jeton. Arrivée du **duc d'Anjou** en Belgique. v. Loon I p. 308—303 var. Dugn. 2861. Ae. b c.

1109   — Jeton. Transfert de la chambre des comptes à **Gand.** Buste de **Fran-çois d'Alençon** à dr. Dugn. 2885. v. Loon I 322—317 n. 7. Ae. t.b.c.

1110   — Jeton. Le prince d'Orange reconnu souverain de la **Hollande,** de la **Frise** et de la **Zélande.** Dugn. 2886. v. Loon I 313—308. Ae. t.b.c.

1111   — Attentat de **Jean Jauregui** contre le prince d'**Orange.** v. Loon I 315—309. Dugn. 2891. Jeton en argent. t.b.c.

1112   1583. Aversion des Gantois pour le duc d'Anjou. Jeton en argent. v. Loon I 331—325 n. 2. Dugn. 2940. t.b.c.

1113   — Le prince de **Parme, gouverneur des Pays-Bas.** Jeton au buste de Philippe II à g. entre 1583. PHS . D . G . HISP . PORTVG . ET . INDORVM . REX. Rev. Ecusson couronné ALLX . P . P . GVBER. GECT . DES . FINAN . TORN. Dugn. 2955. Ae. t.b.c.

1114   1584. **Le prince d'Orange assassiné par Gérard.** Médaille des états de Zélande. ✿ SÆVIS ✿ TRANQVILLVS ✿ IN ✿ VNDIS. Oiseau et nid en pleine mer. Rev. Les armoiries de Zélande avec la dévise LVCTOR . ET . EMERGO entourées des 7 écussons des villes. v. Loon II 345—339 n. 2. Mm. 44. Ar. Belle. Rare.

1115   — Jeton. Conduite courageuse des Etats de Zélande. Dugn. 2999. Compz. v. Loon I 348—342. Ae. Beau.

1116   1586. Jeton. Le duc de **Leicester** dans les **Pays-Bas.** Jeton en argent. v. Loon I 365—359. Dugn. 3096. Franks I p. 133 n. 87. Ar. Beau.

1117   1587. Jeton d'Ernest duc de **Bavière.** Dugn. 3163. Ae. b.c.

1118   1588. **Défaite de l'Armade Espagnole.** Vue de la flotte dispersée. ✿ × TV × DEVS × MAGNVS × ET × MAGNA × FACIS × TV × SOLVS × DEVS × v. Loon I 390—384 n. 1. Franks p. 144 n. 111. Mm. 51. Ar. Belle médaille.

1119   1590. Le prince **Maurice de Nassau-Orange** élu Stadhouder. Jeton en argent. v. Loon I 412—405. Dugn. 3256. t.b.c.

1120 1591. Jeton. Délivrance de Zutphen, Deventer, Hulst et Nimègue.
Dugn. 3281. v. Loon I. p. 421—414 n. 1. Jeton en argent. t.b.c. Rare.

1121 — Offres trompeuses de paix. Jeton en argent. Dugn. 5288. v. Loon
423—416. Ae. t.b.c.

1122 — Préparatifs de guerre sur terre et sur mer. Jeton. Dugn. 3291.
Cpz. v. Loon I 394—388 n. 1. Ae. t.b.c.

1123 1592. Délivrance de Rouen par Parme et aux défenseurs de la foi.
Jeton. v. Loon I 426—419. Dugn. 3298. Ae. b.c.

1124 — Prise de Steenwyk, Ootmarsum, Coevorden. Beau jeton en argent.
Dugn. 3309. Cpz. v. Loon I 431—424 n. 3. Ar. F.d.c. Rare.

1125 — Même jeton. Ar. t.b.c.

1126 1592. Concorde entre les villes de **Campen, Deventer et Zwolle** pendant
les querelles entre l'**Overijssel** et la **Frise** à cause de l'occupation des
villes de **Coevorden** et de **Hasselt** NEMO + LÆDITVR + NISI + A +
SE IPSO un porc-épic attaqué par trois chiens, à l'exergue VIVAT—
TRANS et armoiries d'Overijssel. Rev. VINCIT + AMOR — MORTEM :
CETERA - MORTIS + ERVNT dans la légende armoiries de Deventer,
Campen et Zwolle. Deux personnages se rencontrent près d'une ville.
Dirks. Penn. Repert. n. 687. De Vries en de Jonghe. pl. VI. 6. Mm.
50. Ar. t.b.c. Rare.

1127 1593. Siége de Geertruidenberg. van Loon I, 436 – 429. Dugn. 3324. Beau
jeton en argent. Rare.

1128 — **Prise de Geertruidenberg.** v. Loon I. 437—430 n. 2. Dugn. 3325.
Jeton. Ar. Beau. Rare.

1129 — Même jeton. Ae. Beau.

1130 1594. Attentats contre la vie des princes d'Orange. Jeton de la Zélande.
Dugn. 3334. v. Loon I. 445—437. Ae. t.b.c.

1131 — **Levée du siége de Groningue** et de **Coevorden.** Vue de la ville de
Groningue et de ses fortifications. Rev. Légende en 12 lignes. v. Loon
I 448—440 n. 2. Mm. 51. Ar. F.d.c.

1132 1595. Déclaration de guerre de l'Espagne à la France. Jeton. v. Loon
I 456 – 448. Dugn. 3360. Ae. t.b.c.

1133 — Désirs de paix des Etats de Hollande. Jeton. v. Loon I 460—451
n. 1. Dugn. 3363. Ar. F.d.c. Rare.

1134 1596. Alliance de l'**Angleterre**, de la **France** et des **Pays-Bas** contre
l'**Espagne.** Jeton. Dugn. 3402. v. Loon 481 – 471 n. 4. Franks p. 161
n. 144. Ar. t.b.c.

1135 1596. La flotte espagnole détruite près du Cap Finistère. Jeton des
états de la Zélande avec plan de l'île de **Walcheren.** v. Loon I 487—
476 n. 2. Dugn. 3406. Ar. t.b.c. Rare.

1136 1597. **Victoire de Turnhout** et prise des villes d'*Alpen, Berg, Moers,
Grol, Breevoort, Enschedé, Oldenzaal, Ootmarsum* et *Lingen.* Superbe
médaille. v. Loon I 494—482 n. 1. Franks p. 170 n. 163. Mm. 51. Ar.
F.d.c.

1137 — **Victoire de Turnhout.** Les armoiries d'**Overijssel**, de **Zwolle, Deventer**
et **Campen** liées par un ruban. Rev. Le prince **Maurice de Nassau** à
cheval à dr. IN — TRE - PIDOS — TY — RANNVS le tout entouré
des armoiries des 17 membres des Etats d'Overijssel. Dirks Penningk.
Rep. 724. Mm. 45. Ar. Superbe. Rare.

1138 — **Victoire de Turnhout.** Médaille des Etats d'Overijssel, aux armoiries
de l'Overijssel, Deventer, Campen et Zwolle et au prince à cheval à
dr. v. Loon I. p. 494—482 n. 3. Franks p. 172 n. 166. Mm. 54. Ar. t.b.c.

1139   1597. La même médaille, var. de gravure. Mm. 52. Ar. t.b.c.

1140   — **Victoire de Turnhout**. Jeton. Dugn. 3416. Cpz. v. Loon I p. 496 – 484 n. 3. Ae. Beau.

1141   — **Victoire de Turnhout**. Jeton. Dugn. 3421. v. Loon I 497—485 n. 6. Ae. t.b.c.

1142   1598. **Victoires de Mendoça**. Jeton en argent. v. Loon I 519—506 n.'1. Dugn. 3446. t.b.c. Rare.

1143   — Même sujet. Dugn. 3449. v. Loon I 519 –506 n. 2. Ar. t.b.c.

1144   1599. Médaillon oval au buste drapé à g. de **Cathérine de Bourbon** duchesse de Bar. CATH . DE . BOVRBON DVCHESSE . DE BAR, sous le buste 1599. Rev. Les trois Graces. Mm. 42/53. Br. t.b c. Coulée.

1145   — Jeton de l'archiduchesse **Isabelle**. Son buste à g. Rev. Ecu losangé et couronné parti au 1er sans armoiries et au 2o Espagne. Dugn. 3463. Ae. Beau.

1146   1600. **Prise du fort St. André**. Jeton en argent. Dugn. 3504. v. Loon I p. 546—535. t.b.c. Rare.

1147   — Jeton Victoire de **Nieuport**. v. Loon I 551—537. Dugn. 3510. Ae. t.b.c.

1148   1602. Deux vaisseaux de Zélande, venant des Indes et commandés par G. de Roy et L. Bikker, s'emparent du galion espagnol „St. Jacques" près de l'île de St. Hélène. v. Loon I. p. 564—548. Mm. 52. Ar. Belle pièce.

1149   — Prise de **Grave**. Buste du prince **Maurice** à g. ÆT. 34. Rev. Oranger TANDEM . FIT SVRCVLVS . ARBOR . ANNO 1602. Belle médaille signée C. V. B. F. (Bloc). v. Loon I. p. 569 –553 n. 3. Franks p. 181 n. 182. Mm. 36. Ar.

1150   — Prise de Grave. Médaille au même type, signée CON . BLOC . F. v. Loon I. p. 569 – 553. n. 1. Franks p. 180 n. 181. Mm. 40. Ae. t.b.c.

1151   — Prise de Grave. Jeton. v. L. I. p. 567 – 551 n. 3. Dugn. 3535. Ae. t.b.c.

1152   1604. Capitulation 'd'Ostende. Jeton. Dugn. 3585.' v. Loon II. p. 15. n. 5. Ae. t.b.c. y ajouté un jeton de 1608, cheval de Troye. Ae. b.c. 2 ps.

1153   — **Mort de Petrus Adriaan van der Werff** bourgmestre de **Leiden** pendant le siège en 1574. Son buste à dr. par Smeltzing. Rev. Légende en 8 lignes. Mm. 48. Ar. t.b.c. Rare.

1154   — **Prise de Sluis**. Jeton en argent. Dugn. 3579. v. Loon I. p. 12. n. 6. Ar. Beau.

1155   — Même jeton. Ae. Beau.

1156   — **Prise de Sluis** et *capitulation* d'**Ostende**. v. Loon II. 15 n. 6. Dugn. 3588. Ar. t.b.c. Rare.

1157   1605. Attentat contre le Parlement anglais. Dugn. 3599. v. Loon II p. 22. Franks p. 196 n. 19. Ae. t.b.c.

1158   1606. Pusillanimité des Néerlandais. Beau jeton en argent des états de Zélande. Var. de v. Loon II p. 24 avec les armoiries attachées à un ruban. Comme Dugn. 3615. Beau. Rare.

1159   — Même jeton. Ae. b.c.

1160   1607. **Négociations pour la paix**. Jeton. Dugn. 3620. v. Loon II p. 27. Ae. t.b.c.

1161   — Méfiance au sujet de la trève. Dugn. 3624. v. Loon II p. 34. **Ae.** Beau.

1162   1609. Trève de douze ans. Dugn. 3651. v. Loon II p. 56. Ar. Beau.

1163   — **Trève de 12 ans**. Médaille offerte aux ambassadeurs étrangers.

✿ CONCORDIA — RES — PARVÆ — CRESCUNT. Les armoiries des Pays-Bas. Rev. ✿ DISCORDIA MAXIMÆ DILABUNTUR. Les 7 écussons des provinces liés par un ruban. Cpz. v. Loon II p. 54. Mm. 59. Ar. F.d.c.

1164 1613. Médaillon oval au buste de face avec grande collerette de **Caspar Uttenhoff** mathématicien de **Nurnberg**. CASPARVS . VTTEN HOVIVS NORIBERGIC ÆTAT . SVÆ 25 . A : CHRI . 1613. Rev. L'adoration des mages, dessous armoiries. Mm. 32/46. Argent. Coulée.

1165 — 5me Année de la trève de 12 ans. Dugn. 3690. v. Loon II éd. holl. 83, éd. fr. 84 n. 2. Ar. Beau.

1166 1615. **Fermeté des Archiducs.** Jeton aux armoiries de **Bois-le-Duc, Anvers, Bruxelles et Louvain.** Dugn. 3714. v. Loon II 92. Ae. b.c. Rare.

1167 1617. **Jeton des Etats de la Frise.** Dugn 3734. Ae. t.b,c.

1168 1619. **Synode de Dordrecht.** Belle médaille avec vue de la salle. Var. de v. Loon II. p. 105 sans CVM . PRIV. Franks p. 223 n. 78. Mm. 58. Ar. Belle.
A cette synode les ambassadeurs d'Angleterre, du Palatinat, de Hesse, do Suisse, de Genève, de Brême et d'Emblen assistaient.

1169 — **Synode de Dordrecht.** Belle médaille au lion hollandais et aux armoiries du prince **Maurice.** Van de v. Loon II. 112—113 avec des roses entre les mots du revers. Franks p. 224 n. 80 par Wijntjes. Ar. Belle.

1170 1620. Hommage à l'empereur **Ferdinand II.** Son buste avec collerette à dr. FERDINAND II D : G . R . I . S . A . G . H . B . REG. ZC . HOMAG . PRÆST 13. IVLI. 1620. Rev. Château près d'une rivière VIVA . AVT . MORTVA. Cpz. Schulth 227. Ar. gr. 14. b.c. Rare.

1170a 1622. **Extrordinaire des guerres.** Jeton aux armoiries juxtaposées de France et de Navarre. Ar. t,b.c

1171 1626. Couronnement de **Charles I roi d'Angleterre.** Petit médaillon repoussé uniface au buste cuirassé du roi à dr. par N. B. F. (Nicolas Briot). Franks p. 243 n. 11. Mm. 26. Ar. Beau. Très rare.

1172 1624. Médaille aux bustus accolés à dr. de **Paul van Beresteyn** et **Volkera Nicolaï** PAVLVS A BERESTEYN LXXV AN. VOLKERA NICOLAI LXIX AN. v. Loon II. 162—161. Mm. 53. Ar. t.b.c.

1173 1626. **Désas'res dans les Pays-Bas.** Vue d'une bataille et d'un combat naval. Jeton. v. Loon II. 164—163. Dugn. 3827. Ae. t·b.c.

1174 1627 Pose de la première pierre pour l'église de la Trinité à **Ratis-bonne** (Regensburg). Vue de l'église, de chaque côté un ange, au dessus la Trinité. IN . NOM . SSTRIN : FVND : — POSVIT S . P . Q . R. 4 IVL : — MDCXXVII. signée IOAN CARL INGEN : A . NORIN. Rev. Les 16 armoiries des Bourgmestres et les armoiries de la ville, dans le champ légende. Mm. 55. Ar. gr. 38. Superbe.

1175 1628. **L'amiral Piet Heyn** s'empare de la flotte d'argent espagnole dans la baie de **Matanzas.** Buste cuirassé de l'amiral de face tourné à dr. PET . PETRI . HEINIVS FOED : BELG : ORD : ARCHITHA-LASS. Rev. Le combat naval. HEINIAD . NVP . SENSIT SPOLI·ATA MATANCA, à l'exergue 1628. v. Loon II p. 173—171 n. 1. Mm. 60. Ar. t.b.c, fort rare. *Voir la gravure.*

1176 — **L'amiral Piet Heyn** s'empare de la flotte espagnole dans la baie de **Matanzas.** Carte de l'Amérique avec la baie de Matanzas. Rev. Vue des flottes et légende. v. Loon II 173—171 n. 2. Mm. 65. Ar. Belle et rare.

1177 1630. Médaillon oval à la tête à dr. de **H. de Croonendael seigneur de Bevre.** H . D . CROONENDAEL . S . DE BEVRE . ANNO . 1630 . ÆT . 24 . A . W . F (A. Waterloos fecit). Rev. Armoiries heaumées. Dirks Penningk. Rep. n. 988. Mm. 35/43. Ar. t.b.c.

1178 1631. Convention de l'Electeur **George de Saxe à Leipzig.** Belle médaille par Seb. Dadler. Reimmann. 6798. Mm. 50. Ar. t.b.c.

1179 1632. Jeton. SERA'IN FVNDO . PARSIMONIA. Un homme tirant du vin d'un tonneau. Dugn. 3778. Ae. t.b.c.

1180 1634. Levée du siége de **Bréda.** Jeton au buste de Philippe IV. Dugn. 3887. v. Loon II p. 222—218. Ae. t.b.c.

1181 — Jeton aux armoiries de **Raveschott,** à l'avers, un singe donnant à manger à une tortue. Dugn. 3892. Ae. b.c.

1182 s.d. **Christine de Suède.** Jeton en écaille au buste presque de face de la reine, vêtu d'une robe de dentelles. Rev. Monogramme sous une couronne. DEVS NOBIS HOEC FECIT. Beau. Pièce fort curieuse.

1183 1638. Prise de **Brisach** par le duc **Bernhard de Saxe Weimar.** HEROIS HUIUS NOMINA IN CUNCTA CLARENTI SECULA. Buste cuirassé du duc tourné à g. dans un cartouche richement orné. *Magni Ducis Bernhardi Saxon. Weim. Effigies.* Rev. Vue de la ville BRISACH—FORTIS SED FORTI—OR DEUS FVIT ET WEI—MARIUS 1.6.2.8. Mm. 52. Ar. Belle.

1184 1641. **Jean Calvin.** Buste du réformateur à dr. par Seb. Dadler signé 1641 SD. Rev. La Renommée. DOCTRINA & VIRTUS HOMINES POST FUNERA CLARAT. Mm. 55. Ar. Belle.

1185 s.d. **Dantzick.** Médaille de mariage par J. Höhn signée I.H. Deux fiancés debouts se donnant la main près d'un autel. LEGITIMA THALAMI QUI DEXTRAS FOEDERE IUNGUNT : etc. Rev. PRO-LETHORUM VICTU MENSAM VELAMINE CORP, : etc. Mm. 55. Vermeil. Belle.

1186 s.d. **Dantzick.** Médaille de mariage par J. Höhn, signée IH. UNANIMI VIGEANT CORPORA IUNCTA FIDE. Mm. 40. Ar. t.b.c.

1187 1644. Jeton d' **Albert de Longueval** comte de **Bucquoy,** aux armoiries de **Bucquoy-Croy.** Dugn. 3990. v. Loon II 277—268. Ae. t.b.c.

1188 1636. Jeton de **Walcheren.** ⊕ CALCVLI ORDINVM WALACHRIÆ. Dugn. 4004. Ae. t.b.c.

1189 — Même jeton, avec un tour comme marque monétaire. Dugn. 4005. Ae. t.b.c.

1190 — Prise de **Dunkerque,** assiégée par l'armée française et bloquée par la flotte hollandaise sous l'amiral **Tromp.** Méd. au buste jeune de **Louis XIV** roi de France à dr. v. Loon II 295—286. Mm. 41. Argent. t.b.c. fort rare.

1191 1647. Insuccès des négociations de paix à **Münster.** Beau jeton en argent v. Loon II 306—295 n. 2. Dugn. 4010. Ar. F.d.c.

1192 — Jeton aux armoiries de **Bois-le Duc, Anvers, Louvain et Bruxelles.** Dugn. 4014. Ae. t.b.c. Rare.

1193 — **Victoires de Fréderic Henri prince de Nassau-Orange.** Buste du prince cuirassé de face FRID . HENRICVS . D . G . PRINC . AVRAI . COM . NASS . Ec . Rev. Sur un trophée d'armes les armoiries de **Bréda, Bois-le Duc, Maastricht, Wesel, Sas van Gent** etc. VLTIMUS ANTE OMNES DE PARTA PACE TRIVMPHVS. Belle médaille repoussée par van Abeele v. Loon II 298—288. Mm. 67. Argent. Très rare.

1194 1648. Paix de **Munster (Westphalie).** La paix dans un char tiré par deux lions. Var. de van Loon II p. 312—301 n. 2 avec SPE . ET . VOTO — MONASTERY . WESTPH — ANNO . MDCXLVIII. Mm. 59. Ar. Belle.

1195   1648. **Paix de Munster.** Médaille par Kettler avec vue de la ville. Rev. Deux mains jointes tiennent deux cornes d'abondance et une branche d'olivier. v. Loon II 320 – 308 n. 3. Mm. 52. Ar. Belle.

1196   — **Paix de Munster.** Médaille par Kettler. Vue de la ville. Rev. Trois colombes avec des branches d'olivier au-dessus d'un coussin avec une couronne et un sceptre. v. L. II 324 – 311 n. 2. Mm. 42. Ar. t b c.

1197   — **Paix de Munster.** Médaille par Höhn de Dantzick. La paix dans une charette tirée par deux génies. Une main céleste tient une couronne. FER PATIENTER ONUS CONSTANTI PECTORE SPERA IN COELO FIDEI CERTA CORONA DATUR à l'ex. CONSTANTIA TRIUMPHANS. Rev. Une femme agenouillée devant un monument sur lequel STA — TVA — PA —, CIS. lég. IN VERA VITAM NOS RELIGIONE PER OMNEM etc. Mm. 71. Ar gr. 92. Belle. Rare.

1198   s.d. FERDINANDVS . II . MAG . DVX . ETRVR. Buste cuirassé et drapé à longue chevelure à g. Rev. GRATIA . OBVIA . VLTIO . QVESITA. Branche avec des roses, signée AH en monogr. Mm. 46. Br. Belle.

1199   1650. **Mort de Guillaume II, prince de Nassau-Orange.** Superbe médaille au cheval libre et chute de Phaëton et aux armoiries de la Haye et d'Amsterdam. v. Loon II 353 - 341. Mm. 68. Ar. gr. 94. Belle.

1199a   (Environ 1650). Médaille de mariage. DE LIEFDE ALLEEN MAAKT TWEE TOT EEN. Deux fiancés près d'un autel. Rev. Légende en 14 lignes. DE PENNING SPREEKT IK BEN WEL KLEIN . MAAR GROOT VAN ZIN etc. Mm. 53. Ar. t.b.c.

1200   Médaille repoussée. EEN VONDLING OM HET GELD DRAAIT VOOR SYN HELPERS. STROP TRECHT SPREEKT DE MEESTER VRY EN HANGT DEN VONDLING OP. Un enfant trouvé et plusieurs personnages Turbans. Rev. SECUNDUS SPREEKEND DAT SYN MOEDER NEER DEE SYGEN STRAFT SPYT DES KEISERS STRAF SYN WYSE MOND MET SWYGEN. Secundus devant l'empereur et vue de l'exécution. Mm. 76. Ar. gr. 74.5 avec bélière.
Voir la gravure.

1201   1653. **Berne.** Médaille frappée en mémoire des troubles apaisées. MONVMENTVM REIPVBLICÆ BERNENSIS. Vue de la ville de Berne, en haut armoiries tenues par deux génies. Rev. ꗃ CONCORDIA RES PARVÆ CRESCVNT DISCORDIA MAGNÆ DILABVNTVR. Un vieillard sur son lit entouré de 12 fils, à l'exergue 1653. Haller I n. 736. Mm. 58. Ar. gr. 27. Belle médaille rare.

1202   — Mort de l'amiral **Marten Harpertzn Tromp** dans le combat naval contre les Anglais. MART . HARP . TROMP . R . L . ADM. V . HOLL . E . WESTV. Son buste de face, dessous A⁰ 1653, signé PVA (en monogr.) F. par van Abeele. Rev. Armoiries de Tromp OBYTÆ 56. Dessous un combat naval. v. Loon II 376 – 364 n. 2 Franks p. 462 n. 32. Mm. 70. Ar. Belle médaille repoussée.

1203   — Jeton au buste à dr. de **Louis XIV.** ADMIRABILE OPVS . EXCELSI. Rev. Aigle. NON IMPVNE FERET. Ar. t.b.c.

1204   1654. Superbe médaille repoussée par van Abeele au buste du prince **Guillaume III de Nassau-Orange** de face, dans une couronne de laurier et d'oranger, dans le champ PVA . F, dessous sur une banderolle WILHELMVS III . D . G . PRINC . ARAVS . ETC. — 1654. Rev. Le jeune prince recevant des leçons de Minerve TIME DEVM et dans le champ PVAB . F. Van Loon II 388 — 376 n. 1. Compz pour l'avers Franks p. 387 – 375. Mm. 64. Ar. Rare, trouée. Très belle.

1205   1655. **Mort de Joh. Wolfert seigneur de Bréderode.** Médaille repoussée par van Abeele au buste du seigneur presque de face signé PVA . F. légende IOH . WOLFERDVS . D . D . BRED . COM . NAT . EX . COM . HOLL . DOM . S . D . V . — A . VICE . H . T . CONF .— BEL . IN . C . MARSCH . G Rev. Tête de sanglier sur deux bâtons croisés enflammés, entourée de flammes ETSI MORTUUS VRIT CIↃCICLV. v. Loon II 402—389. Mm. 67. Ar. Belle et rare.

1206   1656. Jeton de la chambre des comptes de Zélande Dugn. 4097. Ae. t.b.c.

1207   1658. **Décès d'Olivar Cromwell.** Buste à g. OLIVAR . D . G . RP . ANG . SCO . HIB . PRO. Rev. Olivier etc. NON DEFITIENT OLIVA. SEP . 3 . 1658. v. Loon II 435 420 n. 3. Franks p. 434, n. 84. Mm. 28. Or gr. 16.5. Belle et rare, frappée en Hollande.

1208   1660. **Départ de Charles II de Schéveningue** pour l'Angleterre. Buste en relief de face tourné à dr. Rev. La flotte en pleine mer. Belle médaille repoussée par van Abeele. v. Loon II 481—462 n. 2. Franks p. 455 n. 44. Ar.
   Sur la tranche de cette médaille est gravé *Folbrecht Claesen En Jannetien Toumens* (commémoration de leur mariage).

1209   1661. **Charles II et Guillaume III d'Orange.** Buste à longue chevelure de Charles II d'Angleterre de face, le champ semé de fleurs, en haut CAROLVS . D . II. Rev. Le prince d'Orange à cheval à dr. WIL-HELMVS III . D . G . PRINC . AVRAICÆ COM . NASS . Ec. Superbe médaille repoussée par van Abeele Manque à van Loon. Franks p. 471 n. 74. Mm. 69. Ar. Extrêmement rare et fort belle.

1210   1666 Introduction de l'Impôt sur les cheminées (fouage) „*Haardstedegeld*". Médaille offerte aux bourgmestres de Leiden. Belle médaille par Abr. Simon médailleur anglais. v. Loon I p. 538—516. Mm. 57. Ar.

1211   — **Cornelis Evertsen** *amiral de Zélande* tombé dans le combat naval de quatre jours Buste de l'amiral cuirassé à dr. dans un trophée d'armes et couronné par deux génies, dessous sur une banderolle CORN EVERTSEN ADMIRAAL V. ZEEL, à l'entour HEER EVERTS. MET TRIOMF . OP 'T BED VAN EER GESNEEFT ALDUS IN 'T SILVER DOOR DE KUNST VAN MULLER LEEFT A° 1666 den 14 Junii. Rev. Le combat naval. HIER STRYCKT HET BRITSCH GE-WELT VOOR NEDERLANT DE VLAGH DE ZEE HEEFT NOIT GEWAEGHT VAN ZULK EEN ZWAEREN SLAGH. Superbe médaille en argent repoussée par O. Muller. Franks p. 523 n. 171. v. Loon II 550—529 n. 1. Mm. 76. Extrêmement rare.

1212   — Jeton au buste de **Louis XIV roi de France.** Rev. Fontaine. SERVAT ET EFFVNDIT à l'exergue 1666. Ar. Beau.

1213   1667. Jeton au buste de **Louis XIV.** Rev. SALVBRIOR EXIT. Réservoir d'eau. Ar. t.b c.

1214   — **Paix de Bréda.** Neptune dans son char fait finir un combat naval. SIC CUNCTUS PELAGI CECIDIT FRAGOR Rev. Vue de la ville de Bréda, en haut deux génies tiennent les écussons de **Danemarc, France, Angleterre, Hollande** et de **Suède.** v. Loon II p. 559—538 n. 3. Franks p. 534 n. 183 par J. Pool. Mm. 51. Ar. b.c. Rare.

1215   — **Paix de Bréda** Deux vaisseaux de guerre. Rev. Les armoiries d'Angleterre et des Provinces-Unies liées, dessous sur une banderolle BRITAN . BATAV . PAX — 1667. v. Loon II 559—538 n. 4. Franks p. 534 n. 184. Mm. 43. Ar. Belle.

1216   — **Mort du capitaine de vaisseau Direk Gerritsen.** Médaille ovale gravée. Vaisseau, à l'exergue *Christus is mijn Leven — Sterven is mijn gewin.* Rev. Dans un cartouche tenu par deux morts

et surmonté d'une génie. *Ter gedachtenis — van Capt — DIRCK GER-RITSEN — WITTE PAERT — In den Heere gerust — Anno een duysent — ses hondert 67 den — 5 April — out synde 61 Jaer, dessous gedenckt te sterven.* Mm. 57/65. Ar. Belle.
Voir la gravure.

1217 1668. **Louis duc de Bourbon prince de Condé.** Son buste cuirassé et drapé à dr. LVD . DVX . BORBONIVS . PRINCEPS . CONDÆVS. Rev. Une main écrivant sur une banderolle LICET ALTER — HOMERVS etc. en haut la Renommée volant, à l'entour MATERIES . SVPERABIT . OPVS et à l'exergue 1668. Mm. 53. Ar. **Belle médaille rare.**

1218 1671. Désir de paix des **Pays-Bas.** Jeton. Dugn. 4289. v. Loon III p. 48—44. Ae. t.b.c. 2 ps.

1219 — **Chambre d'assurance.** Jeton au buste de **Louis XIV roi de France.** Rev. 'IMPAVIDAM FERIENT. Vaisseau, à l'exergue CHAMBRE . — D'ASSVRANCE . 1671. Ar. Beau.

1220 1672. **Mort des frères de Witt.** Bustes opposés. Rev. Monstre. Van Loon III 87—81 n. 1. Mm 72. Ar. Coulée t.b.c.

1221 — Même sujet. Bustes accolés à dr. Rev. Légende. v. Loon III 87—81 n. 3. Mm. 48. Ar. t.b.c.

1222 — **Groningue assiégée** por les évêques de **Munster** et de **Cologne.** Vue de la ville assiégée. Rev. Lég. en 9 lignes. v. Loon III 98—92 n. 1. Mm. 42. Ar. Belle.

1223 1673. **Des Fortifications (De Nieuwe Schans) prises par Rabenhaupt commandant de Groningue.** Buste de Rabenhaupt presque de face. DOOR GODT . EN . T . BELEIT . VAN . SIIN . EXELLEN . RABENHAVBT. Rev. Le Nieuwe Schans. v. Loon III 120—113. Mm. 50. Ar. Belle. Rare.

1224 — **Prise de Maastricht par Louis XIV roi de France.** Buste du roi à dr. par L . LOIR . F. lég. LVD . XIIII . D . G . FR . ET . NAV . REX. Rev. Pallas debout tenant une lance et la foudre VIRTVS . REGIS . INVICTISSIMI et à l'exergue MOSÆ . TRAIECT . XIII — . DIEB . EXPVG . — MDCLXXIII. v. Loon III 118—112. Mm. 53. Ar. Belle, fort rare.

1225 — **Prise de Naerden** par le prince **Guillaume III d'Orange.** Son buste à dr. GVILHEL . III . D . G , PRINC . AVR . HOLL . ET . WESTF . GVB. Rev. Gravée. Vue de la ville de Naerden en haut *De belegering en 't inne-men van Naerden 12 Sep. 1673.* v. Loon III 123—118 n. 2. Mm. 37. Ar. Rare.

1226 1672 Jeton au buste de la reine **Marie Thérèse de France.** Rev. Soleil et plusieurs étincelles. EXTINCTVM . RENOVO à l'ex. 1672. Ar. Beau.

1227 1673. **Ordinaire des guerres.** Jeton au buste de **Louis XIV.** VNI . POTVI . SVCCVMBIT. Dragon. Ar. t.b.c.

1228 1675. **Trésor royal.** Jeton au buste de **Louis XIV.** DATA . MVNERA. REDDO. Ar. t.b.c.

1229 1677. **Mariage de Guillaume III avec Marie de York.** Son buste à dr. GVILH . III . D . G . PRIN . AVR . HOL . ET . WES . GV. Rev. **Buste de Marie de York à g.** MARIA . D . G . AVR . PRIN . NAT. DE . IORC. v. Loon III 236 222 n. 1. Franks p. 568 n. 235. Ar. Belle.

1230 — **Alliénation des Domaines** Jeton au buste de **Louis XIV.** IVNCTA. MINVS . PROSVNT. Ar. t.b.c.

1231 1678. **Paix de Nimègue.** Jeton. Vue de Nimègue. PAX OPTIMA RERVM et à l'ex. NOVIO . MAGI A⁰ 1678. Rev. Les écussons de **France, An-**

gleterre et de **Hollande** suspendues à une branche d'olivier. **Franks** p. 573 n. 244, v. Loon III 250—235. Dugniolle 4397. Ar. Beau. fort rare.

1232   1688. **Naissance du prince James d'Angleterre.** SIC NON HEREDES DEERUNT. Rev. Le cheval de Troye. EQUO NUNQUAM TU CREDE BRITANNE. Superbe médaille satirique par Smeltzing. v. Loon III 369—345. Franks p. 630 n. 52. Mm. 58. Ar. Rare.

1233   1689. **Couronnement de Guillaume III et de Marie.** v. Loon III 407— 379 n. 1. Franks p. 662 n. 25. Ar. t.b.c.

1234   — **Couronnement de Guillaume III et de Marie.** Superbe médaille aux bustes opposés en médaillons, au-dessus, une couronne AUREA POMA MIXTA ROSIS. Rev. Oranger florissant et un chêne déraciné. MELI-OREM LAPSA LOCAVIT et à l'ex. INAUGURATIONE MAIE — STATUM PERACTA — LONDINI $\frac{11}{21}$ APRIL 1689 par Arondeaux. v. Loon III 407—379 n. 3. Franks p. 668 n. 39. Mm. 62. Ar. Superbe. Rare.

1235   1689. **Fêtes de couronnement à Amsterdam. Guillaume III et Marie** couronnés et drapés assis de face. GVILHELMVS ET MARIA . REX . ET . REGINA . CORON . APR. $\frac{11}{21}$ 1689. Rev. Le capitaine, le lieu-tenant et l'enseigne des gardes civiques debout, en haut, les armoiries d'Amsterdam. TER . GEDAGTNIS . DAT . OP . DE . DACII . DER . KRONING . DE . WAGHT . HAD . D . COMP . VAN . D . H . B . MVIKENS. Superbe médaille repoussée en haut relief. v. Loon III 419—390 Franks p. 678 n. 54. Mm. 60. Ar. Fort rare.

1236   1691. **Prise d'Athlone, Galway et de Sligo.** Bustes accolés de **Guil-laume III** et de **Marie** à dr. Rev. Vues en médaillons des villes prises ARMIS : NOM1 : — NISQ : TERRORES à l'ex. MDCXCI. Franks II p. 35 n. 212. Var. de v. Loon III 547—IV 56 (portant seulement le buste du roi). Mm. 48. Ar. t.b.c. Rare.

1237   1692. **Combat naval de Cap La Hogue.** Neptune chasse **Louis XIV** de son char marin, dans le lointain combat naval. Rev. La Renommée sur une galère antique, dans lequel deux génies tiennent les écussons aux armoiries des **Provinces Unies et d'Angleterre.** Superbe médaille par P. H. Müller. v. Loon IV 36—98 n. 3. Franks p. 55 n. 251. Mm. 48 Ar. Rare. F.d.c

1238   — **Combat naval de Cap La Hogue.** Buste de Guillaume III entre deux génies, qui tiennent les armoiries d'Angleterre et des Provinces Unies, placé sur un piedestal. Rev. Sur une tablette VOTA ORBIS — CLASS . GALL . AB . ANG . ET HOLL DELET etc. Inscription sur tranche. v. Loon IV 36—98 n. 4. Franks p. 67 n. 272. Mm. 44. Ar. Belle. Rare.

1239   1694. **Décès de la reine Marie d'Angleterre.** Buste de la reine à g. MARIA . D . G . M . BRIT . FRAN . ET . HIB . REG . F. D. P. A. Rev. Tombeau. MELIORI OR — NATA CORONA Superbe médaille par Dishoecke. v. Loon IV 124—183 n. 3. Franks p. 121 n. 365. Mm. 48 Ar. fort belle et rare.

1240   — **Défaite de la flotte hollandaise par les Français.** Méd. au buste de **Louis XIV.** v. Loon IV 104—163. Mm. 41. Br. Belle.

1241   1697. **Paix de Ryswick.** Le temple de Janus fermé CÆSA FIRMA-BANT FOEDERA PORCA. v. Loon IV 215—273 n. 2. Franks p. 169 n. 453. Mm. 49 Ar. b.c.

Y jointe petite médaille de la ville de Muiden en mémoire de la même paix, Ar.

1241a 1697. **Paix de Ryswick.** GOTT LOB DER KRIEG HAT NUN EIN —. Tambour avec trou rebouché, dessous MDCXCVII. Var de v. Loon IV 197—255 n. 2. Mm. 37. Ar. t.b.c. Rare.

1242 — **Paix de Ryswick** par l'intermédiaire de **Suède.** La Paix couchée près d'un olivier. TRANQUILLITAS REDUX, à l'entour NUNQUAM VIOLETUR AB ÆVO. Rev. Mercure et la Paix près du globe. NE TOTA DEHISCAT et à l'ex. PAX RYSWICK CONCL. MEDIANT. SVECIA. 1697. Franks p. 161 n. 432. v. Loon IV 208—266 n. 6. **Mm.** 32. Ar. Superbe. fort rare.

1243 1698. **Secrétaires du roi.** Jeton au buste de Louis XIV. DVCEM . REGEM . QVE . SEQVVNTVR. Ar. t.b.c.

1244 1702. **Nimègue délivrée des Français.** LIBERTAS NEOMAGI . INTUS . ET . EXTRA. La ville de Nimègue personifiée debout. Rev. NU-MERUM . VIRTUTE . RETUNDIT à l'exergue MDCCII. Des troupes sur les remparts forcent l'ennemi de se retirer. Belle médaille par Boskam. v. Loon IV 299—354. Franks p. 233 n. 15. Mm. 42. Ar. Rare.

1245 — **Combat naval de Vigo.** Buste de la reine Anne à g. par Boskam. Rev. Le combat naval GALL : HISP : Q . CLASS . EXPUG . COM . CAPT et à l'ex. BRIT . BATAV . Q . EXPED . AD . VIGOS . MDCCII. Franks p. 237 n. 20. v. Loon IV 308—363 n. 1. Mm. 42. **Ar.** t b.c.

1245a — *Johanna Margareta van d. Broucke Matthei Fil: nat: 15 Oct: 1686 denat: 23 Aug: 1702.* Louve dans un cartouche orné. Médaille gravée. Mm. 43. Ae. t.b.c.

1246 1703 Mort de **Frans Romswinkel** bourgmestre de **Nimègue.** Belle mé-daille à ses armoiries. v. Loon IV 358—409. Mm. 42. **Ar.** F.d.c.

1247 — Prise de **Bonn, Huy, Limbourg, Rhinberg** et **Gelder.** Médaille de la lotterie d'Alkmaar. DIE NIET WAAGT DIE NIET WINT. Dirks Penn. Rep. n. 2729. Mm. 46. Ar. a.b.c. Rare.

1248 1704. Troubles à **Middelbourg** apaisées. Perseus vainquant Medusa. Rev. L'Hôtel de ville de Middelbourg, sur l'avant scène la Liberté assise. Médaille par Dishoecke. v. Loon IV 415—463. Mm. 47. Ar. F.d.c.

1249 — **Victoires à Donauwerth, Hochstädt** et **défaite** de la flotte espagnole près de **Gibraltar.** Médaille par Hautsch au buste de la reine Anne à g. Franks II p. 270 n. 70. v. Loon IV 405—454 n. 3. Mm. 39. Ar. Belle. Rare.

1250 1704. **Bataille de Hochstädt.** Belle médaille par Hautsch au buste cuirassé du duc de Marlborough à dr. Rev. Mars assis encourageant un soldat. v. Loon IV 376—427 n. 4. Franks II p. 256 n. 50 Mm. 36. Ar.

1251 1706. **Victoires des Alliés en Brabant** et en **Espagne.** Soleil avec face humaine couronné. Rev. Eclipse de soleil et mention de la délivrance de **Barcelone,** prise de **Madrid,** victoire de **Tirlemont** etc. Franks II p. 290 n. 100 v. Loon IV, 454 V 33 n. 2. Belle médaille carrée. Mm. 38. Ar.

1252 1708. **Bataille d'Audenarde.** Castor et Pollun gallopant à dr. EVGENII ET MARLEBORVGII FELIX CONIVNCTIO : Rev. Vue de la bataille Franks II p. 324 n. 150 v. Loon IV 529 V 106 n. 2, par P. H. Müller. Mm. 43. Ar. Belle.

1253 — **Expédition de la flotte française contre l'Ecosse.** Buste de la reine Anne d'Angleterre à g. Rev. L'âne français chassé par une femme (l'Angleterre) INIMICVS ODOR APPETITV FORTIOR. Médaille sati-rique par Brunner. Franks p. 321 n. 146 v. Loon 523—V. 100 n. 4. Mm. 42. Ar. t.b.c. fort rare.

1254   1708. **Sardaigne et Minorque** prises par la flotte et les troupes anglaises
Médaille au buste de la reine Anne à g. par Croker. v. Loon IV
518—V 95. Franks II p. 329 n. 157. Ar. F.d c.

1255   1709. **Prise de Mons.** Buste de la reine Anne à g. par Croker. Rev.
Victoire volant au dessus de la ville de Mons. v. Loon IV 574—V
149 n. 2. Franks p. 362 n. 202. Ar. F.d.c.

1256   1713. **Paix d'Utrecht, entre la France, l'Angleterre, les Provinces
Unies, le Portugal, la Prusse et la Savoie.** Buste de la reine Anne à
g. ANNA . D : G : MAG : BRI . — FR : ET . HYB : REG . Rev.
La Britannia debout COMPOSITIS · VENERANTVR · ARMIS à l'ex.
MDCCXIII. Belle médaille par Croker. v. Loon IV 660—V 230 n. 2.
Franks II p. 400 n. 257. Mm. 84. Or. gr. 22,8. Très belle.

1257   — Même médaille en argent t.b.c.

1258   1717. **Gaspar de Lespaul** pendant 50 ans à Smyrné. Armoiries GAS-
PAR . DE . — . LESPAUL., Rev. En 6 lignes DE GOEDHEID —
GODS ‖HEEFT MY — GEGEEVEN — IN SMIRNA VYF — TIG
IAAR TE — LEEVEN. v. Loon. Suppl. 67. Dugniolle 4873. Ar.
t.b.c. Rare.

1259   1720. **Les Etats de Nimègue inaugurés comme gouverneurs de Cu-
lemborg** (Kuilenburg). Les armoiries de Culemborg tenues par deux
lions. FULCIUNT ET ORNANT et dans le champ IN PERPETVAM
MEMORIAM — AUSPICATISSIMÆ INAUGURATIONIS — ILLUST
: AC PRÆPOT : D : D : ORDINUM TETRARCHIÆ NEOMAGENSIS
— CUM PER SEX — VIROS DEPUTATOS — URBIS ET COMI-
TATUS — CULENBURGI — RITE AC LEGITIME . CAPESSERENT
— XIV KAL : QUINTILIS — MD . CC . XX. Rev. Légende en 25
lignes. GENEROSIS — NOBILISSIMIS — ET AMPLISSIMIS VIRIS
— IACOBO DE RANDWYK TOPARCHÆ — IN ROSSUM HESSEL
GAMEREN BEEK — IMPERII NEOMAG : BURGGRAVIO &C : —
IOHANNI DE COCK A DELWYNEN TOPAR : — IN WADENOYEN
URBIS BOMMELIÆ — ET AGRI THYLAN : ET BOMM : PRÆ-
FECTO &C.   ADRIANO DE LYNDEN CURIÆ PROVINC : DUCA-
TUS — GELRIÆ ET COM' . ZUTPHANIÆ CONSILIARIO &C : —
EXORDINE EQUESTRI — MATTHIÆ LAMBERTO DE SIEGEN-
DONCK URBIS NEOMAGENSIS CONSULI &C. — ARNOLDO VAN
DEN STEEN TOPAR : IN OMMEREN — ET WAYESTYN URBIS
THYLANÆ CONSULI &C. — PETRO DE ROOK URB : BOMMELIÆ
CONSULI &C. — E MAGISTRATIBUS DELEGATIS — NEC NON —
CONSULTISSIMO VIRO — ANTHONIO VOS URBI NEOMAG . —
ET D : D : ORD : A . SECRETIS — HOC NUMISMA — D : D :
S : P : Q : C : Superbe médaille. v. Loon Suppl. n. 33. Mm. 85. Ar.
gr. 176. F.d.c. Rarissime.

 Médaille par la Seigneurie de **Culemborg** à **Jacob van Randwyk, Johan de
Cock van Delwynen** seigneur de **Wadenoyen, Adrian van Lynden, Mathias Lam-
bert van Siegendonck, Arnold van den Steen, Peter de Rook** et **Antonie Vos**
membres des Etats de Nimègue.

1260   1721. **Chambre aux Deniers.** Beau jeton au buste de Louis XV roi de
France à dr. COELESTIBUS ILLA MINISTRAT. Ar. F.d.c.

1261   1729. Noces d'argent d'**Egidius van den Bempden** sept fois bourgmestre
d'Amsterdam et **Aagje Hooft** Médaille à leurs armoiries. Dirks Penn.
Rep. III n. 381. Mm. 57. Ar. gr. 40. Belle.

1262   1732. **Trésor royal.** Jeton au buste de Louis XV à dr. par Duvivier.
Rev. Vue d'une mine. Ar. Beau.

1263   1734. **Mariage de Guillaume IV prince de Nassau-Orange avec Anne**

princesse d'Angleterre. Réception en Frise. v. Loon. Suppl. n. 91.
Franks p. 510 n. 61. Ar. t.b.c.

1264 — Mariage de Guillaume IV d'Orange avec Anne d'Angleterre. Buste
du prince à dr. WILH . CAR . HENR . FRISO D : G : PRINC .
AVR . ET NASS . sous le buste M . HOLZHEY . FEC . Rev. Buste
de la princesse Anne à g. ANNA . M . BRIT . PRINCIPIS AVR .
VXOR . Cpz. v. Loon. Suppl. n. 86 et Franks p. 509 n. 60. Inédite.
Mm. 28. Ar. F.d.c. Rare.

1265 1736. Médaille au buste d'André Hercule cardinal de Fleury presque
de face tourné à g. Rev. Emblèmes du commerce, de la navigation
etc. HISP . PACEM REDDIDIT ARMIS, par Dassier Mm. 53. Br. t.b.c.

1266 — La même médaille par Garbett, portant la date 1741. Mm. 37.
Ae. t.b.c.

, 1267 1737. Guillaume IV de Nassau-Orange inauguré à Bréda. Armoiries
couronnées de Nassau et Angleterre. Rev. Le prince et la princesse
assis dans un char tiré par un lion et un unicorne., au-dessus les
armoiries de Bréda, tenues par deux génies. Snppl. 117. Franks p.
518 n. 74. Mm. 40 Ar. Belle.

1268 1737. La Lorraine et Bar jointes à la France. Buste de Louis XV
roi de France à dr. par Du Vivier. Rev. Le roi assis reçoit d'une
femme tourelée un écusson aux armoiries de Lorraine-Bar, derrière
elle Minerva debout MINERVA PACIFERA . à l'ex LOTHARING .
ET . BAR — REGNO . ADD . MDCCXXXVII. Mm. 41. Ar. Belle Rare.

1269 — Les Etats de Lille. Jeton au buste de Louis XV à dr. Rev. SECU-
RITAS PROVINC. INSUL. Ar. Beau.

1269a — *Noces d'or* de Jan Backer et Anna Catharina Ten Grootenhuys.
Leurs armoiries juxtaposées liées par un ruban. Rev. Lég. en 13 lignes.
DANK – ZY DEN GOEDEN — GODT — DOOR WIEN DIT PAAR
— IN VOLLEN ZEGEN . — etc. Dirks Penn. Rep. 608. Mm. 37. Or.
gr. 27. Belle.

1270 Sd. Jeton au buste de Louis XV à dr. Rev. LATE CVNCTA PRO-
FVNDIT. Char de Phoebus Appollon. Ar. Beau.

1271 1740. Troisième fête séculaire de l'invention de la typographie. Buste
de Coster tourné à g. ALTER CADMUS Rev. Armoiries de Harlem
tenues par deux lions Superbe médaille par van Swinderen, van
Loon. Suppl. n. 147. Mm. 55. Ar. gr. 63. F.d.c.

1272 — Bâle. Médaille au buste de Louis XV roi de France à dr. par
Dassier. Rev. Le globe, une génie désigne un écusson aux armoiries
de Bâle, qui se trouve sur le globe UNDIQUE SERENAT, dessous
TRANQUILL . PRINCIP . — BASIL . RESTIT . 1740. Mm. 53. Br.
t.b.c. Rare.

1273 1741. Ordinaire des guerres. Jeton au buste de Louis XV. Rev. Porc-
épic. Ar. Beau.

1274 1743. Petite médaille. *De Wijsheit wijst de jeugd Altijd het padt der
deugd.* Mm. 22. 1746. Le nouvel an et espoir de paix. Belle médaille.
v. Loon Suppl. 260. Mm. 37. Ar. gr. 19.5. 2 ps. belles.

1275 — La boîte de la Monnaie à Harderwijk ouverte. TUTISSIMA MU-
TUA DEFENSIO. Cavalier à dr. Rev. Armoiries de la Gueldre et
légende. Suppl. 179. Ar. F.d.c.

1276 1744. Le nouvel an. Belle petite médaille en or. Compz. v. Loon
Suppl. 183, module plus petit. Mm. 22. Or. gr. 3.5. F.d.c.

1277 1745. Paix de Bavière entre l'Autriche et la Bavière. Buste de Marie
Thérèse à dr. MARIA THERESIA D . G . REG . HVNG . BOHEM .

ETC . Signée M . HOLTZHEY . FEC . Rev. Guerrier donnant une branche d'olivier à un autre guerrier debout, entre les deux trois écussons sous une couronne sur laquelle. VNIO FRANCOE à l'entour OPTATAE PRAEMIA PACIS et à l'exergue PAX BAVARICA — ANNO MDCCXLV . — APRILIS XX. Dirks Penn. Rep. 862. Mm. 48. Ar. Belle. Rare.

1278　1746. **Bataille de Culloden.** Le duc de Cumberland à cheval à g. Franks p. 612 n. 277. Mm. 41. Ae. b.c.

1279　s.d. Médaille au buste à dr. d'**Antoine Magliabecchi,** bibliothécaire à **Florence.** ANTONIVS MAGLIABECHIVS FLORENTINVS, par Ant. de Januario. Rev. SCIRE NOSTRUM REMINISCI. Homme assis sous un arbre et lisant. Mm. 45. Br. t.b.c.

1280　1747. **Guillaume IV prince de Nassau-Orange** proclamé Stadhonder en Hollande. Buste du prince à dr. WILH . CAR . HENR . FRISO . PRINC . NASS . ET AR signé N. V. S. (van Swinderen) Rev. Le lion hollandais avec épée près d'un autel avec HONY SOIT QVI MAL Y PENSE à l'entour GLADIUS DOMINI ET GEDEONIS, à l'exergue HOLLANDIÆ — PROCLAM : GVBERN. — 3 MAII 1747. Superbe médaille portative en **Or.** v. Loon Suppl. 227. Franks p. 629 n. 317. gr. 36. (avec ruban) avec ruban orange sur lequel on lit W. K. H. F. *vivat oranje — Oranje in 't Hart is 't blijde woord — Dat men uit duizend monden hoort — Laaten wij dan zegenvieren — En ons met* **Oranje** *sieren — Nu de Standaart is geplant — Tot behoud van 't Vaderland – Door vaderen en Heeren – Die ons wysselyk regeren — Dies d'Oranje Prins my doopt — Dat myn hart Gods zegen hoopt.* — J. M. 1747. Très belle pièce fort interessante.
Voir la gravure.

1281　Médaillon oval gravé et niëllé aux bustes accolés à g. de **Guillaume IV de Nassau-Orange** et **d'Anne princesse d'Angleterre,** entourées d'une double légende WILH. de IV DOOR GODS GENADE PRINS van ORANIE en NASS . ERFSTADH . van de UNIE etc — ANNA BY DE GRATIE GODS KROONPRINCES van GROOT BRITANNIE ORANIE en NASS. Superbe travail par D. v. Oye. signé D. V. Oye, Æ 70. Mm. 62/78. Ar. De toute beauté.
Voir la gravure.

1282　Médaillon oval gravé et niëllé au buste de **Guillaume IV d'Orange** à g. entouré d'une double légende WILH : de IV BY DE GRATIE GODS PRINS van ORANIE en NASSAU — ERFSTADHOUD : CAPIT . GENER en ADMIR — Der VEREENIGDE NEDERLAND, par van Oye, signé V Oye. Æ 70. Mm. 54/72 Ar. De toute beauté. Superbe. *Voir la gravure.*

> Ces deux plaques en mémoire de l'élection du prince Guillaume IV au Stadhouderat gravées par v. Oye sont d'une beauté excessive et fort rares.

1283　— **Le prince Guillaume IV de Nassau-Orange** élu Stadhouder. Superbe médaille au buste cuirassé à dr. WILH . CAR . HENR . FRISO D . G . ARAVS . ET NASS . PR . TOT . BELG . LIB . GVB . &C . MDCCXLVII. Rev. Le Zodiaque. VNVS TRAHO SEPTEM TRAHOR QVE ABILLIS. v. Loon Suppl. 243. Mm. 66. Ar. gr. 100. Chef d'oeuvre de **M. Holzhey.** fort rare.

1284　— Visite du prince et de la princesse à **Amsterdam.** Médaille pour les gardes civiques, par Marme. v. Loon Suppl. 250. module plus petit. Mm. 32. Ar. Belle.

1285　— Visite du prince et de la princesse à **Harlem.** Méd. pour les gardes civiques au buste de **Guillaume IV** par Marshoorn. Suppl. 249. Ar. F.d.c.

1286 1748. La princesse Caroline de Nassau-Orange agée de 5 ans. Belle
médaille par M. Holtzhey aux bustes de Guillaume IV et d'Anne.
Manque à van Loon. Décrite dans Franks p. 637 n. 330. Mm. 40. Ar.
F.d.c. Rare.

1287 — Décoration en honneur de la naissance du prince d'Orange aux bustes
accolés du Guillaume IV et d'Anne. Suppl. 255. Franks p. 640 n. 334.
Dans un entourage rayonnant. Vermeil. Très belle.

1288 — Paix d'Aix-la-Chapelle. Belle médaille aux armoiries d'Angleterre,
de France, dés Provinces Unies, d'Espagne, de Hongrie, de Sardaigne,
de Modène et de Gênes. v. Loon Suppl. 268. Franks p. 644 n. 341.
Mm. 43. Ar. Belle.

1289 1749. Feu d'artifice à la Haye en mémoire de la paix d'Aix-la-Chapelle.
ALTER IGNIS PRIORI LAETIOR. Vue du feu d'artifice, à l'ex.
IOHs. GEORGE HOLTZHEY . F. Rev. En 11 lignes dans le champ IN
— AETERNAM MEMOR . — EXCELLENTISSIMI — IGNIS ARTI-
FICIALIS — etc. v. Loon Suppl. 290. Mm. 60 Ar. Belle et rare.

1290 — Prince Charles Stuart. Un Highlander debout avec épée et bouclier.
Rev. Une rose. Franks p. 655 n. 358. Mm. 31. Ae. t.b.c: Rare.

1291 1751. Inaugura'ion de Guillaume IV marquis de Veere et de Flessingue.
v. Loon Suppl. 298. Ar. 2 ps. variées.

1292 1752. Maison de la Reine. Jeton au buste de Marie reine de France
à g. Rev. Soleil. COELIS HÆRET TERRIS LUCET. Ar. t.b.c.

1293 1753. Maison de la Reine. Jeton au buste de Marie de France à g.
Rev. FULGET LUCE SUA. Ar. t.b.c.

1294 1757. Maison de la Reine. Jeton au buste de la reine Marie de France
à g. Rev. LÆTA NEPOTIBUS. Ar. t.b.c.

1295 s.d. Artillerie et Genie. Jeton au buste de Louis XV à dr. ET PLA-
CIDO METUENDA JOVE. Ar. t.b.c.

1296 1758. Etats de Bretagne. Jeton au buste de Louis XV à dr. Rev. Armoiries de Bretagne. Ar. Beau.

1297 -- Prise de Wesel, Oswego, Port Mahon et de St. David par les
Français. Buste de Louis XV à dr. LUDOVICUS XV ORBIS IMPE-
RATOR. Rev. Quatre forteresses WESEL. OSWEGO PORT MAHON
— à l'ex. EXPUG. STe DAVIDIS — ARCE ET SOLO — ÆQUATA.
Betts American Colonial History n. 415. Mm. 31. Ar. F.d.c. Rare.

1298 1759. Décès de la princesse Anne. Médaille au buste à g. par J. G.
Holtzhey. Suppl. 349. Franks p. 692 n. 417. Mm. 40. Ar. Belle.

1299 1761. Mariage de Bernard de With et Maria van Lockhorst. Belle
médaille par van Swinderen. Avers. Allégorie du mariage. Rev. Les
armoiries de de *With et Lockhorst* dessous en 9 lignes. DIT PRESENT
HEBBE WY MET — VERLANGEN OP 'T HUWELYKSFEEST —
VAN ONSE OOM & TANTE ONTFANGE — BERNARDUS DE
WITH — GETROUWD MET — MARIA VAN LOCKHORST — OP
DEN 10 AUGUSTUS — 1761. — B. V. S. F. Mm. 55. Ar. Belle. fort
rare. Inédite.

1300 1762. Ouverture de la boîte de Monnaie à Harderwijk sous Novisadi.
Médaille au Mercure debout. Suppl. n. 366. Mm. 38. Ar. b.c. Rare.

1301 1763. Mort de Friedrich August II électeur de Saxe. Superbe médaille
par Schega au buste de Friedrich Christian cuirassé et drapé à dr.
FRIDERIC . CHRIST . D . G . PR . REG . POL . & LITH . DUX.
SAX . & EL. Rev. Temple avec buste de Friedrich August II. Mm.
60. Ar. gr. 116 5. Très belle.

1302   1764. Mort du graveur renommé **Mart. Holtzhey à Middelbourg.** Ange avec le portrait de Holtzhey volant au-dessus du globe, sur lequel on lit. ZELAND — HOLL — GELR. Rev. Légende en 7 lignes. MARTs HOLTZHEY — MON . ZEEL . PRAEFECTVS — OBIIT MEDIOB . etc. Mm. 29. Ar. Belle. Rare.

1303   1766. Médaille d'or de la diète de la Frise en honneur du Stadhouder **Guillaume V de Nassau-Orange** par J. G. Holtzhey. Buste du prince à dr. WILH . V . D . G . PR . AR . ET . NASS . TOT . BELG . LIB . GVB . HÆR. Rev. Armoiries de Nassau-Orange entourées du ruban de la Jarretière et des 11 écussons aux armoiries des villes de la Frise. Suppl. 392. Mm. 38. Or. gr. 21.8. Belle. Rare.

1304   1767. Mariage de **Guillaume V de Nassau-Orange avec Frédérique Louise de Prusse à Berlin.** Leurs bustes accolés à dr. par van Moelingen. Rev. Autel allumé, en haut deux génies. Cpz. v. Loon 403; module plus petit. Mm. 36. **Ar.** F.d c.

1305   1766. **Guillaume V** inauguré à Veere et Flessingue. Suppl. 408 et inauguration du prince d'Orange Stadhouder. Suppl. 388 y ajouté 2 autres médailles. Ar. 4 ps. gr. 31.5.

1306   s.d. Médaille sur l'Amitié. David et Jonathan se donnant la main. Rev. Femme debout près d'un palmier. Mm. 43. Ar. doré. b c.

1307   s.d. **Ordre militaire de St. Louis.** Jeton au buste de **Louis XVI** à dr. Jeton en argent t b.c.

1308   1775. Couronnement de **Louis XVI** à Reims. Belle médaille au buste couronné à dr. par Duvivier. Mm. 40. Br. Belle.

1309   1776. Mort de **Cornelia Esther Slob** femme du médailleur **J. G. Holtzhey.** Monument funèbre. Rev. Légende en 9 lignes. Suppl. 509. Mm. 28. Ar. F.d.c. Très rare.

1310   — **Noces d'or de Harmen van Ghesel et de Gertruy de Smeth.** Autel allumé entouré d'emblêmes du commerce, au-dessus leurs armoiries couronnées HARMEN van GHESEL . en GERTRUY de SMETH, à l'exergue VEREENT 31 DEC. 1726. Rev. Légende en 8 lignes. Voir v. Loon t. x. texte pag. VIII n. 51. Dirks Penn. Rep. n. 1750. **Mm.** 41. Or. gr. 26.7. F.d c. Rare.

1311   1779. 2me fête séculaire de **l'Union d'Utrecht.** v. Loon Suppl. 538. Mm. 31. Ar. Belle.

1312   1780. Traité de neutralité armée entre la **Russie, le Danemarc, la Suède et les Provinces-Unies.** Betts n. 572. Suppl. 548. Ar. t.b.c.

1313   — L'aviso du **Cap^{ta} Jacob van der Wint** avertit la flotte hollandaise de la déclaration de guerre d'Angleterre. Suppl. 554. Betts 574. Ar. Belle.

1314   1781. **Combat naval de Doggersbank.** HOEZEE DE BRIT RUIMT ZEE. v. Loon Suppl. 563. Betts 588. Ar. t b.c. (bis)

1315   1783. **Paix de Versailles.** LIBERTAS AMERICANA. Louis XVI assis, devant lui une femme attachant un écusson à une colonne de la liberté. v. Loon Suppl. 593. Betts 608. Mm. 45. Etain. Belle. Rare.

1316   — **Paix de Versailles.** Buste de **Louis XVI** roi de **France** à dr. par Duvivier. Rev. PAX FRANCIAM INTER ET ANGLIAM; à l'ex. VERSALIIS MDCCLXXXIII. La Paix debout. Betts 612. **Mm.** 41. **Ar.** Belle. Très rare.

1317   — **Harlingen, Stavoren et Workum** fidèles au prince **d'Orange.** Buste de **Guillaume V** à g. par Schepp. Rev. Les écussons des trois villes attachés à un oranger. Suppl. 586. Ar. Belle petite médaille.

1318   1784. Médaille d'honneur pour les membres honoraires des gardes civiques de St. George à Dordrecht. v. Loon Suppl. 600. Ar. Belle.

1319   1787. Ouverture de la boîte de la Monnaie de la Gueldre sous Lohse. v. Loon Suppl. 681. Mm. 39. Ar. F.d.c. Rare.

1320   1788. Séjour du Prince et de la princesse d'Orange à Amsterdam. Armoiries de Nassau–Prusse sous un oranger. Rev. Armoiries d'Amsterdam et double légende. Suppl. n. 780 Mm. 30. Ar. t.b.c. Très rare.

1321   — *Het Schutterlijk Exercitie Geselschap Binnen Delft.* v. Loon Suppl. 781. Ar. t b.c.

1322   — Le tiers état de Provence à **Charles Jean Bap. des Galois de la Tour,** Intendant du pays, président au parlement. Son buste à dr. dans une couronne de laurier, par Dupré Rev. Allégorie. Mm. 55. Br. t.b c. Rare.

1323   — Constance de la Gueldre. Médaille pour les membres des Etats. Suppl. 776. Ar. gr. 32.5. Belle.

1324   — Médaillon en mémoire de la restauration de l'ancienne constitution et de l'Acte de Garantie pour le maintien du Stadhoudérat. Bouclier sur lequel HEROIBVS — PATRIIS — LIBERTAS — PVBLICA. Rev. Lég. en 14 lignes REPUBLICA . – TIRANNIDE . PROSTRATA . — AB . INFESTISSIMIS . AC . POTENTIS . – SIMIS . HOSTIBUS. APERTO . ET . OCCULTO — MARTE . SAEPIUS . FRUSTRA . TENTATA . etc. Par Schepp. v. Loon Suppl. 774. Mm. 89. Ar. gr. 277. fort beau et très rare.

1325   1790. Mariage du prince héréditaire **Frédéric de Danemarc** avec la princesse **Marie.** Leur monogramme couronné HANS AV KOM BLIVE BVINDELIG OG HANS THRONE SAA LÆNGE SOM SOLEN — FORM . D . 31. IUL 1790. Vilh. Bergsoe pl. I n. 3. Mm. 30. Or. gr. 14.5 Belle.

1326   1791. **Léopold II empereur.** Jeton de Franckfort. Ar. F.d.c.

1327   1793. Le prince **Guileaume VI de Nassau-Orange** reçoit le commandement de la Hollande méridionale. Suppl. 809в. Ar. Belle.

1328   — **Louis XVI roi de France décapité.** Buste du roi à dr. AETERNAE . MEMORIAE . LVDOVICI . XVI . FRANC . REG . PII . OPT . PRINC. Rev. La France pleurant. Belle médaille . Hennin pl. 45 n. 467. Mm. 46. Ar.

1329   — **J. Silvain Bailly décapité.** Son buste à g. Rev. Lég. en 10 lignes **Premier Président de l'assemblée nat¹ᵉ** etc. Hennin pl. 54 n 553. Mm. 31. Ar. Belle. Rare.

1330   1852. **Médaille militaire** décernée aux gardes civiques d'Arnhem. Un Batave debout GETROUW AAN 'T VADERLAND. Rev Dans une couronne de laurier AAN DEUGD EN DAPPERHEID. Suppl. 852. Mm. 42. Ar. F.d.c. Très rare.

1331   1800. **Le nouvel an.** Médaille au buste de **Christian VII roi de Danemarc** à dr. par Bauert. Rev. Trois écussons posés en triangle. Vilh. Bergsöe pl. I n. 19. Mm. 41. Ar. Belle.

1332   — Médaille des Ecoles du Dimanche, fondées par le pasteur Massmann le 4 mai 1800. FOR FLID I DE MASMANNSKE SöNDAG SKOLES. Bergsoe pl. I n. 16.. Mm. 32. Ar. Belle.

1333   1801. **Paix de Lunéville.** Buste de **Bonaparte** à dr. par Andrieu. Rev. Le paix debout. v. Loon Suppl. 873. Mm. 41 Br. Belle.

1334   1804. **Couronnement de Napoléon I.** Petite médaille au buste à g. par Droz. Rev. Napoléon porté sur un bouclier, par Galle. Mm. 25. Ar. Belle.

1335 1805. **Le général Washington.** Buste de Washington à dr. par Webb, légende GENERAL WASHINGTON — INSCRIBED TO HIS MEMORY BY D . ECCLESTON LANCASTER MDCCCV. Rev. Indien debout. THE LAND WAS OURS entouré d'une triple légende. Mm. 74. Br. Belle et rare.

1336 1809. La Société „tot Nut van 't Algemeen" existe pendant 25 ans. Nahuys pl. XI n. 78. Mm. 39. Ar. Belle (bis).

1337 — Médaille d'honneur de la même Société. Nahuys pl. XI n. 79 et même médaille par v. d. Kellen. 2 ps. Br.

1338 S.d. Petite médaille comme boîte au buste en uniforme à dr. par Stettner du prince de **Wrede** F : MRSCH : FüRST V . WREDE. Rev. Le prince couronné par une Victoire. DEM SIEGER SEIN LORBER avec 8 gravures imprimées en couleurs des événéments les plus importants. Mm. 30. Étain, fort rare, dans son étui original.

1339 1815. Réunion de la Belgique aux Pays-Bas. Médaille par Michaut. Dirks 38. Mm. 71. Br. Belle.

1340 — Couronnement de **Guillaume** I à Bruxelles. Par Schouberg, Dirks 62. Mm. 55. Br. Belle.

1341 — Couronnement à **Bruxelles.** Dirks 61. Institution de l'ordre militaire, *Militaire Willemsorde.* Dirks 40. 2 médailles en bronze. Belle.

1342 1814 et 1815. Deux jetons sur l'inauguration de **Guillaume** I comme prince souverain et comme roi. Dirks 23 et 63A. 2 ps. Ar.

1343 1814. Jeton. Guillaume prince souverain 1840. Inauguration de Guillaume II. 1815. Jeton de Waterloo au prince d'Orange à cheval. Jeton au buste de Wellington à g. 4 ps; Ae et un jeton en étain de 1796 au buste de Bonaparte Général en chef de l'armée d'Italie à dr. Ensemble 5 ps.

1344 1819. Troisième fête séculaire de la Réformation. Buste d'**Ulric Zwingli** en bonnet à dr. Rv. Légende en 10 lignes. Mm. 85. Ar Belle.

1345 — Troisième fête de la réformation. Buste d'Ulric Zwingli à dr. sans légende. Rev. Lég. en 7 lignes. Mm. 80 Ar. Belle.

1346 s.d. La princesse **Marianne des Pays-Bas.** Buste de la princesse à g. par Simon W. F. L. C. MARIANNE. Rev. Armoiries couronnées. Dirks 90. Mm. 45. Vermeil. fort rare dans ce métal.

1347 1820. **Décès de Petronella Anna van Tetroode.** Petite médaille obituaire gravée. *Petronella — Anna — van Tetroode — geboren — 7. April 1796. — Overleden — 7 Februari 1820.* Rev. En 4 lignes. *Zij — leefde kort — maar besteedde — haren tijd — wel.* Mm. 28. Ar. t.b.c.

1348 — **Naissance du Duc de Bordeaux.** Buste du nouveau né à dr. par Gayrard. Rev. Le nouveau né tenant deux serpents dans ses mains. Mm. 16. Ar. Belle.

1349 — **Naissance du Duc de Bordeaux.** Rev. Le nouveau né debout tenant épée. VIVE LE DUC DE BORDEAUX, petite médaille portative. Mm. 15. Ar. Belle.

1350 — **Naissance du Duc de Bordeaux.** Médaille par Chamoin, au nouveau né couché. Mm. 23 et autre aux bustes du duc et de la duchesse de **Berry** en regard. Mm. 20. 2 ps. Br. Belles.

1351 — Médaille en honneur de **Henri IV** et des augustes membres de la famille royale française qui ont péri victimes de la révolution. Buste de **Henri IV** entouré des bustes de **Louis XVI, Louis XVII, Marie Antoinette,** le duc d'**Enghien, Elisabeth de France,** le duc de **Berry.** Médaille par Caqué. Mm. 55. Br. t.b.c.

1352 1820. **La Poméranie** depuis 3 siècles liée à la **Prusse.** Médaille aux bustes superposés à g. de **Friedrich Wilhelm** électeur, de **Friedrich Wilhelm I** et III par König. Mm. 50. Br. t.b.c.

1353 1821. **En honneur du poëte Willem Bilderdijk.** Son buste à g. par v. d. Kellen. Mm. 53. Br. Belle.

1354 1822. **Visite du prince et de la princesse de** *Danemarc à la Monnaie des Médailles à Paris.* Leurs armoiries juxtaposées sur un manteau couronné LL . AA . RR . LE PRINCE ET LA PRINCESSE DE DANNEMARCK VISITt LA MONAIE DES MÉDAILLES. 1822. Rev. Deux génies près d'une corbeille remplie de fleurs. Superbe médaille par Andrieu. **Platine.** Gr. 77.5. Mm. 41. De toute rareté. Unique.
       Voir la gravure.

1355 — La même médaille en bronze t.b.c. Rare.
         Ces deux médailles dans leur boite originale proviennent de la collection du roi Christian VIII de Danemarc, la boite porte l'initiale C. couronnée.

1356 S.d. Médaillon uniface au buste en uniforme à g. dans une couronne de laurier de **Peter Friedrich Wilhelm** grand, duc d'Oldenbourg. Mm. 27/36. Métal blanc. Beau.

1357 1828. Troisième fête séculaire de la Reformation à **Berne.** Buste du réformateur **Berchtold Haller** à g. Belle médaille par Gruner. Mm 36. Ar. gr. 29. F.d.c.

1358 — Trosième fête séculaire de la Réformation à **Berne.** La ville de Berne assise prés d'un autel, à côté de l'autel la Religion, qui tient le Bible, dessus un ange portant ruban avec ZWINGLI, par Bovy. Mm. 55. Ar. gr. 56. Belle.

1359 1830. Médaille au buste en uniforme à g. de **Henri V roi de France.** Rev. Deux sceptres en sautoir sous une couronne, 2 AOUT 1530. Mm. 37. Br. Belle.

1360 — Constance de **Guillaume I des Pays-Bas** et 1821. Prise de Palembang. Dirks 343 et 179. 2 médailles en bronze. Belles.

1361 1831. **Guerre avec la Belgique.** „*Algemeene Wapening*". Méd. au buste de Guillaume I à g. par. y. d. Kellen. Dirks 441. Mm. 52. Br. Belle.

1362 — **Campagne de 10 jours.** Buste de **Guillaume I** à g. par Schouberg. Dirks 443. Mm. 46. Ar. gr. 34.5 Belle.

1363 — **Le baron d'Hooghvorst.** Général en chef des gardes civiques belges. Son buste en uniforme à g. par Hart. Dirks 399. Mm 49. Ar. gr. 61. Belle.

1364 1840. Monument à Anvers en honneur de Rubens. Mm. 43· Etain — s d. Société agricole des cantons de Vilvorde et de St. Josse ten Noode. Mm. 42. Br. —. Médaille uniface au buste de **Pie IX** à g. par Veyrat. Mm. 58 Br. — 1858. Concours de Chant d'ensemble à Anvers. Mm. 49. Br. Ensemble 4 pièces.

1365 s.d. **Karl August Grossherzog v. Sachsen-Weimar.** Son buste à dr. Rev. Monument pour Goethe et Schiller, par Sebald. Mm. 41. Br. Belle.

1366 s.d. Médaille au buste presque de face de **Pieter Corneliszoon Hooft.** Rev. Lég. en 5 lignes, par J. P. Menger. Mm. 47. Br. Belle.

1367 1846. Assemblée à l'Hôtel de ville de Bruxelles. Constitution belge. Mm. 67. Br. Belle.

1368 1848. **A l'Union des peuples à la Fraternité.** Médaille par Montagny. Mm. 41. Br. Belle.

1369 — Statue en honneur de **Guillaume le Taciturne.** Dirks 674. Mm. 64. Br. Belle.

1370 1849. **Mort de Guillaume II.** Dirks 683. Mm. 36. Ar. Belle.

1371   1848—1850. Médaille militaire danoise au buste de **Frédéric VII à dr.** par Alphée Dubois. Rev. FOR DEELTAGELSE I KRIGEN 1848—1850. Ae. Belle.

1372   1850. Mariage de **Charles prince héréditaire de Danemarc avec Louise princesse des Pays-Bas.** Médaille maçonnique. Hamburgsche Zirkel-Correspondenz. II pl. XXV n. 191. Dirks 703. Mm. 42. Br. Belle. Rare.

1373   1851. L. **Napoléon** président de la **Rép. française.** Buste de Napoléon à g. par Montagny. Rev. Lég. Mm. 36. Ar. gr. 29.5. t.b.c.

1374   1852. **Pierre Théod. Verhaegen** président de la chambre des réprésentants belges. 1848—1852. Son buste à dr. par L. Wiener. Médaille maçon nique. Hamb. Zirkel-Corresp. II pl. XXXVI n. 255. Mm. 67. Br. Belle.

1375   1853. Médaille au buste à dr. de **Marie Henriètte Anne d'Autriche duchesse de Brabant,** par Dubois. Mm 50. Br. Belle.

1376   1853. Statue en houneur d'**Orlande de Lassus.** Belle médaille par L. Wiener. Mm. 58. Br. Belle.

1377   1854. Statue en honneur de **Guillaume II roi des Pays-Bas.** Dirks 758. Mm. 68. Br. Belle.

1378   1856. Le monument sur le Dam. Médaille au buste de **Guillaume III** à dr. par Elion. Dirks 782. Mm. 74. Br. t.b.c.

1379   — Naissance du prince **Napoléon.** Tête de l'impératrice **Eugénie** à dr. par Montagny. Rev. Buste du nouveau né à dr. **Napoléon Engène. Louis Jean Joseph.** Mm. 53. Br. Belle et rare.

1380   — La Statue en honneur d'**Antoine van Dijck** à Anvers. Belle médaille au buste à g. par Wiener. Mm. 67. Br.

1381   1858. Le prince héréditaire **Guillaume d'Orange** majeur. Sa tête à g. par v. d. Kellen. Dirks n. 809. Br. Belle.

1382   1859. Ouverture du chemin de fer **Cologne—Mayence.** Bustes accolés à dr. de **Friedrich Wilhelm IV** et de **Wilhelm prince régent,** par J. Wiener. Mm. 68. Br. t.b.c.

1383   Etui contenant 6 médailles de J. Wiener avec vues d'édifices bâtis par l'architecte J. J. Dumont. Les médailles sont en vermeil et de belle conservation. Diam. Mm. 50.
    a. Palais de Justice et Maison d'arrêt à Verviers.
    b. Les Halles d'Ypres.
    c. Maison d'arrêt à Charleroi.
    d. Maison de sureté civile et militaire à Liége.
    e. Maison d'arrêt à Dinant.
    f. Maison de sureté pour femmes à Bruxelles.
      Ces 6 médailles seront vendues premièrement séparément et après combinées. Sur l'étui „offert par J. J. Dumont."

1384   1860. Mort de **Cornelis Broere** professeur en théologie et philosophie. Médaille au buste de face. Dirks 829. Mm. 65. Br. t.b.c.

1385   — Noces d'argent de **Mr. Pieter Jacob Teeling van Berkhout** et **Haronyma Marie Antonia Fortuna baronesse van Slingelandt.** Belle médaille par Elion, bible sur un soleil brillant. Rev. Les armoiries et légende en 8 lignes. Mm. 62. Br. Manque à Dirks, fort rare.

1386   1861. Antwerpens Kunstfeest. Mm. 59. s.d. Médaille de la soc. agricole des cantons de Vilvorde et de St. Josse-ten-Noode. Mm. 45 et 1841 Eglise à Borgerhout. Mm. 36. 3 médailles. Br.

1387   1863. Fête sémi-séculaire de l'indépendance de Prusse; au buste de **Fr. Wilhelm III** à dr. Rev. La Borussia armée deb. à g. par Fischer. Mm. 53. Br. Belle.

1388 1866. **Le prince Frédéric des Pays-Bas** pendant 50 ans Grand-maître des loges maçonniques. Belle médaille au buste à g. par Elion. Hamb. Zirkel-Corresp. II pl. XXXVI n. 236. Mm. 60. Br. Rare.

1389 s.d. **Carl Alexandre de Saxe-Weimar et Sophie princesse des Pays-Bas.** Leurs bustes accolés à g. Rev. La Science accoudée sur l'écusson aux armoiries de Saxe-Weimar, assise à g. tenant une couronne. DEM VERDIENSTE UM DIE GEWERBE. Médaille en argent. Mm. 39. Belle. Rare.

1390 1867 Noces d'argent de **Carl Alexandre de Saxe-Weimar et de Sophie des Pays-Bas.** Leurs bustes accolés à g. Rev. Dans une couronne VEREINT ZU WEIMARS GLüCK UND RUHM. Mm. 69. Br. Belle. Rare.

1391 1868. *Nederlandsche Weerbaarheidsbond.* Prijs scherpschutterswedstrijd te 's-Gravenhage. Mm. 46. Br. Belle.

1392 — Médaille en honneur de **E. Pycke d'Ideghem** gouverneur de la province d'Anvers, par Ch. Wiener. Mm. 50. Br. t.b.c.

1393 — Médaille en honneur de **I. P. J. A. Comte de Zuylen à Nyevelt** ministre des Pays-Bas. Son buste à g. par Elion. Br. Belle.

1394 1869. Fête séculaire de la commune remonstrante à Rotterdam. Belle médaille par Elion. Mm. 60. Br F.d.c.

1395 (1871). Médaille aux armoiries de **J. A. Smits van Nieuwerkerk** et **J. P. A. Bouvy** sans légende. Rev. Uni. Mm. 41. Ar. Belle. Rare.

1396 1872. Trosième fête séculaire de la prise de **Brielle** à ter Neuzen. Belle médaille portative en argent. Mm. 33. Rare.

1397 1873. **Renier Chalon 25** fois élu président de la Société royale de numismatique de Belgique. Sa tête à dr. par L. Wiener. Mm. 59. Br. Belle.

1398 1874. **Guillaume IV** pendant 25 ans roi des **Pays-Bas.** Son buste à dr. par J. P. M. Menger. Mm. 50. Argent, gr. 40. Belle.

1399 1877. Exposition nationale de horticulture sur le palais „Het Loo". Buste de **Guillaume III** à dr. par Elion. Mm. 72. Br. Belle médaille rare.

1400 1879. Les Etats d'Overijssel à **Mr. J. A. Sandberg.** Son buste à g. par J. P. M. Menger. Mm. 65. Br. Belle. Rare.

1401 — 3me fête séculaire de l'Union d'Utrecht. Belle médaille au buste de face du Comte **Jean de Nassau,** par Menger. Mm. 65. Br. Rare.

1402 S.d. Médaille de prix des regattes de la Société „**Amsterdamsche Kotter-Vereeniging".** Neptune assis, par Elion. Mm 50. Br. Belle.

1403 1883. 4me fête séculaire de la naissance de **Luther.** Son buste de face. Rev. Lég. en 9 lignes. Mm, 48. Br. doré. F.d.c.

1404 1881. **London.** International Exhibition Crystal Palace. Belle médaille par Fisch. Mm. 63. Br.

1405 1885. Ouverture du Musée d'état „Rijks-Museum" à Amsterdam. Vue du Musée. Rev. La Renommée. Mm. 66. Br. Belle, rare.

1406 1886. **Bachoffen von Echt.** 1532. Armoiries. Rev. BEEKHOVEN VAN ECHT. MCCCXXV. Armoiries. Mm. 50. Br. Belle.

1407 — 6me Jubilé séculaire de l'Université à **Heidelberg.** Superbe médaille au buste de **Frédéric** *grand'-duc* de **Bade** à g. par Schwenzer. Rev. Femme tenant deux médaillons aux bustes de **Ruprecht** et **Charles Frédéric de Bade.** Mm. 74. Br. Belle. Rare. dans son étui.

1408 1888. Visite de l'empereur **Wilhelm II** à St. **Petersbourg.** Petite médaille en argent au buste de l'empereur **Alexandre III** à dr. Mm. 28. Belle.

1409   1889. Superbe médaille par **Scharff** en honneur du jubilé du règne de 25 ans du roi **Carl de Württemberg**. Bustes du roi et de la reine en médaillon, couronnés par deux génies, au dessous les armoiries de Württemberg. ZUR ERINNERUNG AN XXV JAHRE SEGENSREI-CHER REGIERUNG HULDVOLLEN WALTENS * Rev. Vue de la ville de Stuttgart. Mm. 65. Ar. Fort belle et rare.

1410   — Exposition internationale de la Brasserie à Anvers. Mm. 50. Br. Belle. — 1885. Congrès internationale de Boulangerie. Anvers. Méd. portative. Mm. 42. Br. Belle. — s.d. Médaille de prix d'agriculture et d'horticulture (Landwirthschaftliche Verdienste) au buste de **Wilhelm de Württemberg**. Mm. 45. Br. t.b.c. Ensemble. 3 ps.

1411   1890. Le Comte **Maurin de Nahuys**. Belle médaille au buste du comte à dr. par Fernand Dubois. Mm. 59. Br. Belle.

1412   — **Dr. Willem Julius** directeur de l'école „Hoogere Burgerschool" à **Gouda**, par Begeer. Mm. 47. Br. Belle.

1413   — **Graf Hellmuth von Moltke** 90 Jahre alt. Son buste à dr. Rev. Armoiries. Mm. 34. Ar. Belle.

1414   1891. **P. J. van Dijk van Matenesse** pendant 25 ans bourgmestre de Schiedam. Son buste à g. par Menger. Mm. 65. Br. Belle.

1415   — Médaille offerte par la ville d'Amsterdam à l.l. M.M. les reines **Emma et Wilhelmina** lors de leur Visite. Leurs busten accolés à g. par Menger. HET VADERLAND GETROUWE TOT IN DEN DOOD. Rev. Armoiries d'Amsterdam, par Schammer. Mm. 65. Br. Belle Rare.

1416   1892. Noces d'or du Grand'-duc **Charles Alexandre de Saxe-Weimar** et la princesses **Sophie des Pays-Bas**. Leurs bustes superposés à g. Rev. Lég. en 5 lignes. Mm. 28. Ar. F.d.c.

1417   — Même sujet. Les bustes de **Charles Alexandre** et **Sophie** en médaillons de face. Rev. Armoiries. Mm. 28. Ar. F.d.c.

1418   — Visite de **L.L. M.M.** *les reines* **Emma** et **Wilhelmina** à Utrecht. Leurs bustes superposés à g. dr. par Begeer. Mm. 65. Br. Belle Rare.

1419   1893. Jubilé de 250 ans du Gymnase St. **Marie Magdalène à Breslau**. Belle médaille carrée. Mm. 45. Br.

1420   — Médaille au buste de face de **Dr. Adolph Jellinek** Grand rabbin à **Vienne (Wien)**. Mm. 55. Br. t b.c.

1421   1893. Médaille au buste presque de face de **Christopher Columbus**. Rev. Allégorie. Méd. américaine. Mm. 58. Br. t.b.c.

1422   1894. En honneur de **Johann Strauss**. Superbe médaille au buste à dr. par Scharff. Mm. 59. Br. Belle Rare.

1423   1896. **Maatschappij tot bevordering der Bouwkunst te Amsterdam** Médaille de prix par Baetes. Mm. 74. Ar. gr. 178. Belle. Rare.

1424   1898. **Inauguration de la reine Wilhelmina des Pays-Bas**. Plaquette officielle par Wienecke. AMSTERDAM — 6 — SEPTEMBER — 1898. — INHULDIGING — VAN H. M. WILHELMINA — KONIN-GIN — DER NEDERLANDEN. Mm. 75/100. Br. Belle. fort rare.

1425   1899. Exposition internationale d'**Art culinaire et d'Alimentation**. Anvers. Plaquette par Dupuis 42/60. Br. t.b.c.

1426   — Plaquette en argent à la tête de la reine **Wilhelmina** à g. frappée en mémoire de la „Conférance de paix". Superbe plaquette par Begeer. Mm. 64/86. Ar. Belle. Rare.

1427   1901. A Mr. **S. A. Vening Meinesz bourgmestre d'Amsterdam**. 1891—1901. Buste de Vening Meinesz à dr. DEORSVM NVNQVAM. Rev. Armoiries d'Amsterdam. Mm. 63. Br. Belle. fort rare.

1428 1901. Médaille de prix de la société de tir **Claudius Civilis à Amster-**
dam à l'occasion du jubilé de 50 ans de son existance. Belle médaille
au buste de Claudius Civilis de face. Mm. 40. Ar. portative. Belle.

1429 — **Mariage de Wilhelmina reine des Pays-Bas avec Henri de Mecklen-**
bourg-Schwerin. Vue du palais sur le Dam, sur l'avant-scène la **reine**
Wilhelmina à cheval à g. WILHELMINA . KONINGIN . DER .
NEDERLANDEN . — HENDRIK . PRINS . DER . NEDERLANDEN.
Rev. Vaisseau („Het Koggeschip") armoiries anciennes d'Amsterdam.
HET VERHEUGD AM—STERDAM. (neuf fleurs). Médaille par Zijl.
Mm. 98. Br. Très belle, rarissime.

1429a 1902. **Guerre Sud-Africaine.** Buste de **Paul Kruger** de face, par Scharff.
Rev. Un Boër armé debout montrant de sa main gauche un lion, la
poitrine déchirée, en haut HANDS OFF! Belle médaille par Scharff.
Mm. 40. Br.

1429b — **Bustes des Généraux Christian de Wet et Koos De la Rey** juxtaposés
de face. Même revers, par Scharff. Mm. 40. Ar. Belle.

1429c — Même médaille en bronze. Belle.

Pestilentia in Nummis.

Collection de Médailles ayant rapport aux médecins et pharmaciens, à la médecine, aux famines, inondations, sauvetage etc. etc., d'un amateur américain bien connu.

Voir aussi les numéros suivants de la série napoléonienne n. 52, 64, 89, 97, 146, 204, 247, 248, 273, 307, 350, 354, 355, 406, 446, 466, 467, 512, 513, 520, 629, 630, 842.

CANADA.

1430 **Paralysie.** Médaille de pélérinage *Sainte Anne de Beaupré*. Québec, La St. Anne et Virginie. Rev. L'église PELERINAGE DE PIETÉ A Ste ANNE DE BEAUPRE. Storer. Medals, jetons, tokens illustrative of Medicine. American journal of Numismatists n. 12. Le Roux. Le médailler du Canada n. 1671. Mm. 30. Ae. t.b.c.

1431 — Même médaille portative, sur l'oeuillet ENREGT -- 1877. Storer 13. Le Roux 1672. Mm 30. Etain. t.b.c.

1432 — Même médaille, seulement ENREGT frappé sur le revers de l'oeuillet. Mm. 30. Etain. t.b.c.

1433 **Pharmacie.** Sur un Cent des Etats-Unis de 1832 est gravé DEVINS & BOLTON . MONTREAL. Storer 68. Ae.

Etats-Unis de l'Amérique.

1434 **Dr. Nathan Smith Davis** fondateur et président de l'**American Medical Association.** Son buste à dr. N. S. DAVIS. Rev. Dans une couronne AMERICAN MEDICAL ASSOCIATION * 1846 * par Barber. Mm. 63. Br. Belle Très rare.

1435 **Benjamin Franklin.** Son buste à g. par Caqué. Mm. 40. Plomb. a.b.c.

1436 — Son buste à g. dessous 1861. Rev. S. H. ZAHM DEALER IN COINS TOKENS MEDALS &C. LANCASTER PA. Mm. 18. Ae. Belle. Rare.

1437 — Buste de **Benjamin Franklin** en bonnet à g. Rev. En 6 lignes. FRANKLIN — SAVINGSBANK — 6 PARK SQUARE BOSTON INCORPORATED 1861. Mm. 33. Aluminium. Beau.

1438 **Franklin et Montyon** bienfaiteurs de l'humanité Leurs bustes superposés à g. par Barre. Mm. 41. Br. t.b.c.

1439 **Louis Feuchtwanger** (1805—1876) à New York, chimiste. *One Cent* de 1837. Aigle avec serpent. Rev. Dans une couronne ONE CENT et à l'entour FEUCHTWANGER'S COMPOSITION. Mm. 19. Fonrobert 679. Storer 1056. b c. Rare.

1440 Dr. **David Hosack de New-York.** (1769—1835.) Buste à dr. par Furst. DAVID HOSACK M. D. Storer 104. Mm 34. Br. t.b.c.

1441 Dr. **Elisha Kent Kane** Assistant Surgeon United States Navy & great Arctic Navigator. Médaille maçonnique au buste à dr., dessous un vaisseau au pole nord. Rev. Temple maçonnique. Médaille par Lovett en 1859. Storer 105. Mm. 50. Br. t b.c. Rare.

1442 Dr. **Valentine Mott** médecin renommé à New-York (1785—1865). Médaille de prix de l'Université de New-York, medical department, au buste du médecin à dr., par Lovett. Storer 146. Mm. 54. Etain. t.b.c. Très rare.

1443 Dr. **Joseph Pancoast** (1805—1882) de Philadelphia, professeur en anatomie à *Jefferson Medical College*. Son buste à g. Rev. Dans une couronne, légende JOSEPH — PANCOAST . M . D . — PROF OF ANATOMY — JEFFERSON MEDICAL — COLLEGE — BORN 1805. Médaille par Barber. Storer 120. Mm. 76. Br. Belle, fort rare.

1444 Dr. **Benjamin Rush.** Médecin de Philadelphia, chef des hôpitaux, physicien-général de l'armée américaine. Buste à g. par Furst en 1808. Storer 123. Mm 41. Plomb. b.c. très rare.

1445 **Hôpital de la marine des Etats Unis à Portsmouth Virginia.** Vue de l'hôpital, dessous sur un trophée naval, écusson au bâton d'Aesculape. Rev. Couronne, à l'entour PRESENTED BY THE COUNCIL OF THE TOWN OF PORTSMOUTH VIRGINIA. Médaille offerte par la ville pour services rendues pendant l'épidémie de fièvre jaune, par Mitchell. Storer 161 Mm. 64. Br. Belle. Extrêmement rare.
De cette médaille seulement 12 pièces en bronze sont frappées.

1446 **Commission sanitaire des Etats-Unis** *pendant la guerre de la révolution.* 1865. Médaille au buste du président Lincoln à dr. MEMORIA IN ÆTERNA — ABRAHAM LINCOLN, par Paquet. Rev. Femme avec pavillon marchant à g. entourée de choses données à la commission sanitaire, dans le champ on voit un campement militaire. NORTH WESTERN SANITARY FAIR, à l'ex. CHICAGO ILL. 1865. Storer 163. Mm. 58. Br. t.b.c. Fort rare.

1447 **Commission sanitaire des Etats-Unis.** Médaille en étain au buste du président **Washington** à dr. et en mémoire du fancy fair à **Nantucket.** *Mass* en 1864. Storer 170. Fonrobert 2088. Mm. 26. Etain. t.b.c. Rare.

1448 — Même sujet. Même médaille. Mm. 24. Ae. t.b.c.

1449 — Même médaille en laiton. Belle.

1450 **Commission sanitaire.** Grand fancy-fair tenu à **Philadelphia.** Juin 1864. La Hygieia donnant à boire à un soldat blessé. Belle médaille par Paquet. Storer 178. Fonr. 5009. Mm. 57. Br. Rare.

1451 — Même sujet. Tête du président **Washington** à dr. sans légende. Rev. Inscription. Fonr. 5010. St. 179. Mm. 18. Ar. Belle.

1452 — Même médaille en bronze. t.b.c.

1453 — Même médaille. Ae. F.d.c.

1454 — Même médaille, var. de gravure. Storer 180. Mm. 18. Ae. t.b.c. Rare.

1455 **Pennsylvania. Society for the Prevention of Cruelty to Animals.** Un ange protégeant un cheval tombé. Rev. Dans une couronne MEMBER. Mm. 30. Br. F.d.c.

1456 **Dr. Bennett's** *medicines cure Sickness and Pain.* Fonr. 3882. Stor 236. Mm. 19. Ae t b.c.

1457 **Dr. Selleck.** Token de Cheserbrough Stearns à New-York importers of Dr. Selleck. Silk Goods. Mm. 28. Ae. F.d.c.

1458 **Dentistes.** Token de Robert B. Buggler à New-York. DENTISTS GOLD — AND TIN FOIL — etc. var. de Fonr. 3470 et de Stor. 225 sans nom de graveur. Mm. 27. Ae. t b.c. Rare.

1459 *A. B. Taylor Druggist & Apothecary.* Philadelphia. THE BEST PREPARATIONS FOR THE TEETH. Token. Nickel. Storer 229. F.d.c.

1460 — Le même. Rev. SODAWATER 1860. Nickel. Storer 230. F.d.c.

1461 **Pharmaciens et Droguistes.** Ames *George B* à Belvidere. Illinois. Av. Mortier avec son pillon entouré de 13 étoiles. *Token.* Fonr. 1520. Stor. 289. Mm. Ae. t.b.c.

1462 **Bingham & Jarvis** *drugs, medecines. Paints. Oils. &c.* Rev. Aigle. OUR ARMY. *Token.* Fonr. 2832. Ae. F.d.c.

1463 — La même médaille en étain. Fonr. 2835. Belle.

1464 **Bingham & Jarvis.** Rev. Ecusson OUR COUNTRY. Fonr. 2839. Nickel. t.b.c.

1465 — La même pièce en étain. Belle.

1466 **Bingham & Jarvis.** Rev. **United Country.** Storer 305. Fonr. 2844. Etain. Beau.

1467 — Rev. G L BOWNE WILL REDEEM etc. Fonr. 2848. Storer 306. Br. Beau.

1468 — Même pièce en étain. Fonr. 2852. Belle.

1469 **Brimelow T.** Druggist à New-York. Buste de Franklin à g. Rev. *Good for one Glass of Soda.* Fonr. 3049. Storer 322 Etain. Beau.

1470 — Buste de *Washington* à dr. Rev. Mortier avec son pillon entre 18–63. Storer 328. Fonr. 3070. Ae. Beau.

1471 — La même pièce en bronze. Fonr. 3072. t.b.c.

1472 — Mortier avec son pillon entre 18–63. Rev. GOOD FOR ONE GLASS OF SODA. Storer 329. Fonr. 3074. Ar. F.d.c

1473 — La même pièce. Fonr. 3076. Ae Belle.

1474 **Brimelow,** *Druggist* **New-York.** Avers, Mortier avec son pillon entre 18—64. Rev. Tête de **Washington.** Fonr. 3081. Ae. Beau.

1475 — Même pièce en étain. Fonr. 3083. Belle.

1476 **Chapman** *U. B.* **Cincinnati.** *Ohio.* Avers. „One Glass of Soda or Blue lick water". Rev. Lég. en 4 lignes. Storer 349. Mm. 19. Beau.

1477 **Eckstein** *F. Jz.* Av. Aigle. Rev. Fontaine. Billon. Storer 372 b.c.

1478 **Hall E. W.** *Whitehall N. Y.* TO PURIFY THE BLOOD. Rev. TRY ATHERTON'S COUGHS etc. Storer 416. Fonr. 3723. Ae. b.c.

1479 **Keach** *Baltimore.* Av. Aigle. Rev. Dans une couronne de laurier. ONE SODA. Storer 437. Ar. troué. b.c.

1480 **Lyon.** *L.* **New-York.** Tête de la liberté à g. avec 6 étoiles. Rev. MAGNETIC POWDER & PILLS FOR INSECTS. Fonr. 3300. Storer 468. Mm. 27. Ae. b.c.

1481 **Nicholson. St. Louis.** *Missouri.* Av. Balance. GOOD AT NICHOLSON'S. Rev. HALF DIME dans une couronne. Ar. t.b.c. Rare.

1482 **Nill**. Geo C *Drugs Groceries* à *Legonier Indiana*. Av. Inscription. Rev. Aigle volante entourée de 12 étoiles, dessous 1863. Stor. 494. Ae. t.b.c.

1483 **Randall & Co.** *Baltimore*. Av. Rosette et légende. Rev. Monument. (1837). Storer 521. Ar. Beau.

1484 **Ross**. *Albert*. **Cincinnati**. Av. Mortier et son pillon. Rev. Légende. ALBERT ROSS DRUGGIST etc. Fonrob. 4366. Stor. 530. Ae. F.d.c.

1485 **Seward**. *S. B. Buffalo*. Tête de la liberté à g. dessous 1863. Rev· USE SEWARD'S COUGH CURE etc. Fonr. 2815. Storer 537. Ae. F.d.c·

1486 **Steinfeld**. *S*. **New-York**. Token aux armoiries françaises. FRENCH COGNAC BITTERS etc. Fonr. 3552. Stor. 544. Ae. t.b c.

1487 — Même pièce, var. de gravure. Fonr. 3553. St. 545. Ae. t.b.c.

1488 — Même pièce, autre variété. Fonr. 3554. Stor. 546. Ae. Belle.

1489 **Stevens. A. M. Cincinnati**. Av. Urne. Rev. Légende. Billon. Stor. 548. t b.c.

1490 **Suit**. *S. T' Louisville*. Ky. FOR MEDICINAL USE ONLY. Rev. Légende. Storer 551. Mm. 27. Ar. Beau.

1491 — Même pièce. Ae. Belle.

1492 **Taylor**. *A. B.* **Philadelphia**. TAYLOR APOTHECARY. Rev. A FULL ASSORTMENT OF DRUGS MEDICINES etc. Stor. 555. Ae. F.d.c.

1493 — SODAWATER. 1860. Rev. comme sur la pièce précédente. St. 558. Nickel. F.d.c.

1494 **Welles**. *Henry C* **Waterloo**. *N. Y.* Av. Lég. Rev. BUSINESS CARD 1861. Fonr. 3720. Storer 567. Ae. t.b.c.

1495 — Même pièce sans date. St. 568. Ae. b c.

1496 **Pittsburg**. *Pa.* Av. ×× DRUGS ×× — ××× — DRY GOODS etc. Rev· Chardon. UNITED WE STAND etc. Fonr. 5072. St. 583. Ae. t.b.c.

1497 **Philadelphia.** .PULMONALES — FOR — COUGHS — AND — COLDS. Storer 586. Ae. t.b.c. Rare.

1498 *Token*. Av. ROYAL PREVENTIVE. Rev. Aigle portant écusson et entourée de 32 étoiles. Storer 589. Fort rare. t.b.c.

1499 — Av. SOUTH AMERICAN FEVERS ACUE REMEDY etc. Rev. Type d'un Dollar mexicain. UNIVERSAL REMEDY. 1865. Storer 590. Mm. 38. galvanopl. Fort rare.

1500 **Gruber** *John P.* **New-York** fabrique, d'appareils pharmaceutiques. Fonr. 3181. Laiton t.b.c.

1501 — Même pièce. Ae. t.b.c.

1502 — Av. Petite balance. Rev. Ecusson. CONSTITUTION etc. frappé sur un Cent des Etats Unis de 1859. Nickel. t.b.c.

1503 — Av. comme de la pièce précédente. Rev. Tête d'Indien 1863. Ae. Belle.

1504 — Même pièce en Nickel, fr. sur un, Cent des Etats Unis. Belle.

1505 **Diehl J. J.** *New-York* medical follower. Token. Fonr. 3125. Ae. t.b.c.

1506 **Tempérance**. Buste de Washington à g. Rev. TO THE CAUSE OF TEMPERANCE TEN DOLLARS, TO KING ALCOHOL NOT ONE CENT. Ae. troué. t.b.c. Rare.

1507 **Bains. Becks Public Baths à Richmond** *Virginia*. Token à femme nue. Ae. b.c. Rare.

1508 **Assurance**. *Farmers and Mechanics* **life insurance Co. New-York**. Buste à g. dessous 1869. Rev. Légende. Mm. 30. Br. F.d.c.

ANGLETERRE.

1509 **Dr. Sir Benjamin Collins Brodie** (1783–1862) **à Londres.** Chirurgien renommé. Son buste à g. par Wyon. dans le champ BRODIE. Rev. Hygieia à genoux. Duisb. 611. Storer 608. Mm. 72. Br. Belle.

1510 **Dr. William Cheselden** (1688—1752). Chirurgien renommé à **Londres.** Son buste en bonnet à dr. Rev. Cadavre sur un banc. MORS VIVIS SALVS et à l'ex. ST. THOMAS'S HOSPITAL. Belle médaille. par Wyon. Duisb. 590. Stor. 625. Mm. 75. Br. Rare.

1511 **Dr. John Freind** médecin renommé à Londres. Buste du médecin à g. JOHANNES . FRIEND . COLL . MED . LOND . ET . REG. S.S. Rev. Deux médecins se donnant la main. MEDICINA . VETVS . ET . NOVA. Duisb. 586. Stor. 646. Mm. 58. Br. Belle.

1512 **Dr. John Howard** médecin, philanthrope. Halfpenny de Westminster de 1792 au buste à g. Duisb. 600 n. 1. Storer 667. Ae. Beau.

1513 — Halfpenny de Birmingham. Stor. 669. Ae. t.b.c.

1514 — Halfpenny au buste. Rev. REMEMBER TNE DEBTORS IN GOAL. Stor. 675 Duisb. 600 n. 2.

1515 — Halfpenny de 1791 au buste, de **Chichester & Portsmouth.** Atkins 18. St. 687. Duisb. 600 n. 3. Ae. b.c.

1516 — Halfpenny de 1794 avec PORTSMOUTHS CHICHESTER. Atkins 36A. St. 689. Ae. b.c.

1517 — Halfpenny de 1795, var. de la pièce précédente, sans globule après HOWARD. Storer 873. Ae. Beau.

1518 — Halfpenny de 1795 au buste à g. Rev. Britannia assise. RULE BRITANNIA. St. 726. Atk. 75. Ae. Beau.

1519 **Dr. Eduard Jenner.** EDUARD JENNER'S WOHLTHÆTIGE ENTDECKUNG. 1796. Enfant debout. Rev. GEREICHT VOM DOCTOR BREMER IN BERLIN. 1803. Duisb. 609 n. 3. St. 750. Mm. 25. Ar. Belle.

1520 — Buste à g. ENTDECKER DER SCHUTZIMPFUNG. Rev. Des enfants dansant autour d'une vache. EHRE SEY GOTT etc. Duisb. 609 n. 6. Storer 752. Mm. 36. Ar. t.b.c.

1521 — Buste à g. par Loos. Rev. TRIUMPH! GETILGET IST DES SCHEUSALS LANGE WUTH. Duisb. 609 n. 7. Mm. 28. Ar. F.d.c.

1522 **Dr. John Locke** médecin à **Oxford.** Son buste à dr. par Caunois. Duisb. 582 n. 4. Storer 778 Mm. 40. Etain. Conservation médiocre.

1523 — La même médaille en bronze. Var. avec MONACHII sur la tranche. Storer 779. Mm. 40. Br. Belle.

1524 Sir **Isaac Newton,** mathématicien et physicien à Londres. Buste à g. Rev. La Science assise. FELIX COGNOSCERE CAVSAS. 1726, par Croker. Duisb. 584 n. 2. Mm. 51. Br. Belle.

1525 — Halfpenny de 1793 au buste de **Newton** à g. Ae. t.b.c.

1526 Dr. Sir **Hans Slaone** naturaliste renommé, président de la Société royale de Londres, par **Dassier.** Duisb. 591 n. 2. Storer 817. Mm. 52. fer. b.c.

1527 **Medical Society of London.** Belle médaille au buste de la reine **Charlotte** d'Angleterre à g. Rev. SOC : LOND — INSTITUTA — MDCCLXXIII. Belle méd. par Kirk. Storer 1122 Mm. 41. Ar. Belle.

1528 — Même médaille en bronze. Belle.

1529 **Sauvetage denaufragés 1896.** Médaille décernée par la reine Victoria à ceux qui se sont distingués pendant le naufrage du Steamer „Drummond Castle" 13 June 1896. Ar. portative.

1530 **London,** Token d'environ 1820 de **Dr. Eady.** Av. Lég. dans une couronne de laurier. Rev. HEALTH RESTORED. Wellenheim 2447. Storer 1239. Mm. 18. Ae. b.c.

1531 **Swansea South Wales.** Token au buste de face du baron Spolasco EMINENT PHYSICIAN. Neumann 25895. Storer 1281. Mm. 23. Ae. t.b.c.

1532 **Eaux Thermales à Holt Wiltshire.** Token HOLT WILTSHIRE MINERAL WATER. Ange avec trompette. Rev. Inscription. Mm. 29 Ae. t.b.c.

IRLANDE.

1533 **Dr. Arthur Jacob** Professeur en anatomie. Son buste à g. par Woodhouse. Rev. Dans une couronne IN — COMMEMORATION — OF EMINENT SERVICES — RENDERED TO — SCIENCE — AND — THE MEDICAL PROFESSION IN IRELAND 1860. Storer 742. Mm. 64. Br. Belle, rare.

1534 **Dr. Henry Quin** Médecin de Dublin. Son buste à dr. par Mossop. Duisb. 603. St. 811. Mm. 41. Br. Belle.

ECOSSE.

1535 **Dundee 1796.** Halfpenny avec vue du „Roayl Infirmary". Storer 1074. Ae. t.b.c.

1536 **Montrose 1709.** Halfpenny, avec vue du „Lunatic Hospital". Neumann 24747. St. 1078. Ae. a b.c.

1537 **Glasgow.** Token du **Dr. Stuart.** Femme avec son enfant MIDWIFERY & NURSING. Rev. PRIVATE MEDICAL ESTABLISHMENT. Neum. 26451. Storer 1284. Ae. t.b.c., légende incuse.

1538 — Le même. Bouteille avec PANACEA et légende avec MAY BE CONSULTED BY POST. Rev. Comme sur la pièce précédente, lég. en relief. Storer 1289. Ae. t.b.c.

1539 **Edinbourg.** Token. Appareil pour filtrer l'eau FOR PURIFYING WATER. Rev. Ecusson avec une grappe de raisins. Neumann 24607. Mm. 28. Ae. t.b.c.

1540 **Prof. Holloway, Londres.** Penny de 1857 au buste. Duisb. 613. St. 1260. Ae. t.b.c.

1541 — Penny de 1858 au buste. Ae. b.c.

1542 — Halfpenny au buste de 1857. Ae. t.b c.

1543 — Halfpenny au buste de 1858. Ae. t.b c.

LES PAYS-BAS.

1544 **Baart de la Faille.** *Jacob.* 1867, pendant 50 ans professeur en médecine à l'Université de **Groningue.** Son buste à g. par v. d. **Kellen.**
Mm. 65. Ar. gr. 94.5. Belle et rare.

1545 — La même médaille en bronze. Belle.

1546 **Boerhave.** Dr. *Herman* (1668—1738) le célèbre professeur médecin de
Leiden. Buste à dr. Rev. Lég. en 6 lignes par Bemme. Duisb. 486
n. 1. Storer 1527. Mm. 50. Etain. b.c.

1547 — Son buste à g. par Simon. Rev. Lég. én 5 lignes. Duisb. 486 n. 2.
St. 1528. Mm. 45. Br. t.b.c.

1548 — Son buste à g. par Vivier. Rev. Légende. (Séries Numism.) St. 1529.
Duisb. 486 n. 3. Mm. 40. Br. Belle. Coin brisé.

1549 — Même buste et mêmes légendes, par Vivier, vaiiété de coin. Vue
Duisb. texte 486 n. 3. Mm. 40. Br. Belle.

1550 **Prof. F. C. Donders** oculiste renommé d'Utrecht. Médaille de 1888 agé
de 70 ans. Son buste à dr. par J. P. M Menger. Mm. 66. Br. Belle.

1551 — Plaquette galvauopl. en mémoire du 9me congrès des oculistes à
Utrecht les 14—18 Août 1899 sous la présidence du prof. oculiste Dr.
Snellen et au buste du professeur **Donders,** par Lankelma. Mm. 63/90.
Belle.

1552 **Hendrik Daniel Guyot** fondateur de l'Institut pour les sourds-muets à
Groningue. Médaille de 1840 en mémoire de l'existance de 50 ans,
par v. d. Kellen. Dirks 563. St. 1558. Mm. 41. Ar. Belle.

1553 — Même médaille en bronze. Belle.

1554 Prof. **Christ. Oudemans,** astronome à Utrecht, agé de 70 ans. Plaquette
de 1898 au buste à g. par Faddegon. Rev. Uni. Mm. 38/50. Br. Belle.

1555 **Richard van Rees** professeur, mathématicien et physicien d'Utrecht.
Son buste à g. par v. d. Kellen. Médaille de 1871. Mm. 53. Br. Belle.

1556 **C. G. C. Reinwardt** professeur en chemie à Leiden. Son buste à g.
agé de 78 ans. Méd. de 1851. par v. d. Kellen. Duisb. 506. Storer 1586.
Mm. 52. Br Belle.

1557 **B. F. Suerman** professeur en médecine à l'université d'Utrecht. Méd.
de 1859. Mm. 58. Dirks 821. St. 1589. Br. Belle.

1558 **Dr. Sape Talma** professeur en médecine à l'Université d'Utrecht. Son
buste à g. Rev. Légende MED. PROF. IN — ACADEMIA RHENO
— TRAIECTINE — CIɔIɔCCCLXXVI — PRID. NON OCTOBR. —
CIɔIɔCCCCI. par Begeer. Mm. 52. Ar. Belle.

1559 — Même médaille en bronze. Belle.

1560 **Dr. Nicolas Tulp** (1593—1674) médecin et anatomiste renommé à **Amsterdam.** Son buste à dr. Rev. Arbre VIRES . VLTRA . SOR —
TEMQVE SENECTA. Médaille de 1672. Duisb. 479. Mm. 47. Br. doré
t.b.c. Rare.

1561 **Dr. G. Vrolik** médecin renommé. Son buste de face. Rev. Légende.
Méd. par Schouberg de 1846. Dirks 660. Mm. 56. Br. Belle.

1562 **Accouchement** herueuse de la princesse d'Orange en 1770. OP DE
GELUKKIGE BEVALLING. Belle petite médaille en argent. Mm. 27.

1563 **Actes de dévouement.** Méd. d'honneur de la Société „*Tot Nut van
't Algemeen*" par v. d. Kellen. VOOR EDELMOEDIGE DADEN. Mm.
44. Br. Belle.

1564 **Aliénés. Utrecht.** L'hospice pour les aliénés existe pendant 400 ans. 1861. Mm. 41. Br. Belle.

1565 **Asyle pour les phtisiques, Oranje-Nassauoord,** offerte par *S. M. Emma reine mère* aux Pays-Bas. Buste de la reine en médaillon. HET . ZIJ . GROOT . IN . ALLES . WAARIN . OOK . EEN KLEIN . VOLK . GROOT . KAN . ZIJN. Rev. Armoiries et légende. Belle plaquette par Begeer, aussi en mémoire de la fin de la régence de la reine Emma. Mm. 58/81. Br. Rare.

1566 **Aumônerie.** Méreau pour du pain de la diaconie réformée *„Gereformeerd Diaconie Brood"*. 1741. Mm. 30. Etain, le centre en cuivre.

1567 **Choléra.** 1832. **Amsterdam.** Médaille décernée à *H. van Aalderen.* Pfeiffer und Ruland n. 448. Mm. 30. Ar. Belle.

1568 **Fondations philantropiques** instituées par **Marie Duyst van Voorhout** douaire. **van Reede van Renswoude** en 1756. Fête séculaire en 1856. Belle médaille au buste de la Douairière de face. Dirks 778. Mm. 69. Br.

1569 **Guérison** du prince d'Orange en 1835. PRINCIPI ARAVSIACO CONVALESCENTI, par v. d. Kellen. Dirks 507. Mm. 32 Ar. Belle.

1570 La même médaille en bronze. Belle.

1571 **Hospice** pour les pauvres luthériens à Amsterdam fondé en 1770. Médaille par van Berckel. v. Loon Suppl. 450. Ar. gr. 18. t.b.c.

1572 **Hospice** pour les luthériens pauvres existe pendant 100 ans en 1872, par de Vries. Mm. 38. Br. Belle.

1573 **Hospice catholique St. Jacques** inauguré à Amsterdam. Belle médaille par Elion avec vue de l'hospice. Mm. 70. Br. Rare.

1574 **Hôpital** pour des enfants malades. 1889. Exposition de pouppées en profit de ce hôpital. Un enfant malade dans un lit. Mm. 50. Br. Belle.

1575 **Hospice** des pauvres israëlites à La Haye inauguré en 1841. Dirks 597. Mm. 41. Br. Belle.

1576 **Humanité.** Médaille à la tê·e du roi **Guillaume III** VOOR MENSCHLIEVEND HULPBETOON, par Menger. Dirks 696. Mm. 50. Br. Belle.

1577 — La même médaille à la tête de la reine **Wilhelmina** à g. par Schammer. Br. Belle.

1578 **Hortus medicus** à Amsterdam. Méreau d'entrée pour les chirurgiens. Av. Vase à fleurs. Rev. La mort, Dirks pl. I n. 6. Ae. t.b.c.

1579 — Méreau d'entrée de 1864 pour les apprentis des chirurgiens. Dirks pl. I n. 3. Ae. t.b.c.

1580 — Méreau d'entrée pour les chirurgiens. Dirks pl. I n. 5. Ae. t.b.c.

1581 — Méreau d'entrée pour les médecins, au nom de *Dr. Arnoldus Cornelis Nourisse 1778.* Dirks pl. I n. 11. Ae. t.b.c.

1582 — Même pièce, le nom presque effacé. Ae. troné. b.c.

1583 — Même pièce sans nom. a.b.c.

1584 **Hortus Medicus à Utrecht.** Méreau d'entrée pour les pharmaciens au nom de *C. P. van Niekerk.* Dirks pl. 101 n. 7. Ae. t.b.c. Rare.

1585 **Inondations** en 1775. Belle petite médaille par Lageman. Van Loon. Suppl. 505. Pf. & R. n. 165. Mm. 31. Ar.

1586 — en 1776. TER GEHEUGENIS DER STORM EN WATERVLOED. Suppl. 513. Mm. 28. Ar. F.d.c.

1587 — en 1861. Médaille miniature portative au buste du roi Guillaume III. Ar. et Br. 2 ps.

1588   — en 1861. Agrafe décernée par le roi à ceux qui se sont distingués. Ar. t.b.c. Rare.

1589   **Orphélinat à Amsterdam.** Méreau pour les orphelins. TEEKEN VAN DAMSTERDAMSE WEESKINDEREN au centre colombe. Rev. Gravée. *Meyde Sick Huys 1746.* (Hôpital pour les orphélines). Ae. t.b.c.

1590   **Orphélinat à Amsterdam.** Méreau. Même légende au centre gravée. **Kinder Moeder 1791.** (Mère des enfants). Rev. Armoiries portées par deux orphelins. Ae. t.b.c.

1591   **Orphélinat à Amsterdam** existe pendant 100 ans. Suppl. 530A.-& B., 3 petites médailles variées en argent. Belles.

1592   **Orphélinat des pauvres réformés à Amsterdam,** *Gereformeerd Diaconie Weeshuis,* fête séculaire en 1757. v. Loon. Suppl. 343. Mm. 28. Ar. par v. Moelingen. Belle.

1593   — Deuxième fête séculaire en 1857. par Elion. Dirks 797. Mm. 40. Ar. F.d.c.

1594   — Même médaille en bronze. t.b.c.

1595   **Orphélinat Wallon à Amsterdam.** Belle médaille par Konse en 1771 en mémoire du jubilé séculaire, avec vue de l'édifice. Suppl. 454. Mm. 38. Ar. F.d.c.

1596   **Peste.** Médaille comme boîte *Het Hoofd en 't Lichaam zijn gewis ten lesten, wen zij gescheiden zijn, ten prooÿ van 't ongediert.* Un homme dont la tête est séparée du corps en proie aux insectes et à la vermine. Rev. *Maar steeds vereend ontzaglijk, en als dan bestierd door d'Eendragt onverwinlijk voor die Pesten.* Un homme debout avec bâton chassant la vermine. Superbe pièce signée *K. Rid. Inven.* Mm. 56. Ar.
Voir la gravure.

1597   **Peste.** 1598. L'armée de Mendoça décimée par la peste. Jeton. v. Loon I p. 508. Ae. t.b.c.

1598   **Peste bovine.** Médaille en honneur du ministre **J. Heemskerk** avec mention de la loi sur la peste bovine etc. Belle médaille par Elion de 1868 au buste à g. Mm. 70. Br. Rare.

1599   **Sauvetage de noyés.** Médaille de la Société d'Amsterdam donnée en 1838 à **N. v. d. Berg.** Mm. 36. Ar. Belle.

1600   **Société de médecine et de chirurgie à Amsterdam.** 1790—1840. Module en cire d'une médaille fr. en mémoire du jubilé sémi-séculaire de cette société.

1601   **Vaccine.** Médaille décernée par le roi Guillaume III à ceux qui se sont distingués. Buste du roi à dr. par v. d. Kellen. Rev. Dans une couronne BENE — MERET . DE — RE . PVBLICA . QVI — VALETVDINEM — CIVIVM — TVETVR. Dirks 697 ×. Ar. Belle. Rare.

BELGIQUE.

1602   **Dr. Rembert Dodoëns de Malines** professeur en médecine à l'Université de Leyde. Son buste à dr. par Jouvenel. Duisb. 477 n. 2. Mm. 46. Br. Belle.

1603   — Son buste à dr. par Jouvenel. Duisb. 477 n. 3. Mm. 34. Ae. t.b.c.

1604   — Même médaille en bronze. Belle.

1605 **Dr. van Hende de Bruges**, médecin. Son buste à g. par de Hondt. Duisb. n. 491. Mm. 40. Br. t.b.c. Rare.

1606 **Juste Lipse** philosophe et physiologiste. Son buste à dr. par Simon. Mm. 46. Br. t.b.c.

1607 — Statue en son honneur érigée dans la commune d'Overijssche en 1853. Mm. 50. Br. Belle.

1608 **Dr. Simon Lubin** médecin de Bruxelles. Son buste à dr. par Leclercq. Duisb. 499 Mm. 50. Br. Belle.

1609 **Simon Stévin** mathéma'icien célèbre. Son buste à dr. par Jouvenel. Mm. 46. Br. t.b.c.

1609a **Dr. André Vésale** anatomiste. Son buste à dr. par Lefèvre (Série Durand). Duisb. 474 n. 2. Mm. 44. Br. Belle.

1610 — Son buste à g par Jouvenel. Duisb. 474 n. 5. Mm. 46. Br. Belle.

1611 — Son buste à g. par Jouvenel. Duisb. 474 8. Mm. 34. Ae. Belle.

1612 — Même pièce en bronze. Belle.

1613 — Son buste de face tourné à g. ANDREAS VESALIUS ANATOMICUS. Rev. Dans une couronne de laurier SOCIÉTÉ DE MÉDECINE DE BRUXELLES – MESSIDOR AN XII. Beau jeton en argent par Merlen. Duisb. 474 n. 9. Rare.

1614 **Dr. André Vésale.** Vésale opérant un cadavre Rev. L'Hôpital du St. Esprit à Rome. NOSOCOMIVM. par Mercandetti. Duisb. 474. n. 11. Mm. 49. Br. Belle.

1615 **Dr. J. F. Vleminckx** inspecteur général du service de santé de l'armée belge. Son buste à g. par L. Wiener en 1853. Duisb. 502. Mm. 62. Br. Belle.

1616 **Dr. Louis Willems** l'inventeur de l'inoculation de la pleuropneumonie exsudative de l'espèce bovine. Son buste à dr. par L. Wiener en 1853. Duisb. 503. Mm. 62. Br. Belle.

1617 Amulette ovale au St. Bénoit debout. Rev. Légende IHS . V . R . S. N . S. etc. Mm. 21/26. Ar. b.c.

1618 **Asile à Ypres** 1866. Médaille municipale, décrète l'érection d'une seconde salle d'Asile pour les enfants pauvres. Ar. F.d.c.

1619 **Aumônerie** 1708. Marque pour du pain d'Anvers. Ae. t.b.c.

1620 **Bienfaisance.** Tête de Léopold II à dr. par Jéhotte. Rev. Herstal. *Les Pauvres et les orphelins à — Bureau de bienfaisance.* Mm. 38. Br. Belle.

1621 **Catastrophe** au Charbonnage de l'Agrappe. Médaille satirique. Ae. F.d.c. lég. française.

1622 — Médaille au même sujet lég. hollandaise. Ae. Belle.

1623 **Congrès international de Pharmaceutique** à *Bruxelles* sous la présidence du *Dr. van Bastelaer* 1885. Méd. par Wurden. Mm. 50. Br. Belle.

1624 **Famine dans l'Artois** en 1587. Jeton, v. Loon I p. 373. Ae. t.b.c.

1625 **Peste à Bruxelles.** Jeton de 1668. Dugn. 4213. Ae. t.b.c.

1626 **Choléra.** Buste de Léopold I à g. par Leclercq. Rev. Epidémies services rendus. Médaille d'honneur. Guioth 178. Mm. 42. Br. Belle.

1627 **Hospice des vieillards** inauguré à Bruxelles en 1824. Dirks 245. Mm. 33. Ar. Belle. Rare.

84

FRANCE.

1628 **Dr. Jean et J. P. Joseph d'Arcet** médecins de Paris. Leurs bustes accolés à dr. par Gayrard, Duisb. 153. Mm. 50. Etain. Uniface. Belle

1629 **Dr. Xavier Bichat.** Anatomiste renommé. Son bus'c à g. par Dubour. Rev. Légende TRAITÉ DES MEMBRANES etc. Duisb. 154 n. 2. Mm. 50. Br. t.bc.

1630 — Son buste à g. par Dubour. Rev. Légende (Galerie Métallique). Duisb. 154.3. Mm. 41. Br. Belle.

1631 — Médaille de la *Société médicale d'Emulation de Paris* de 1807. Son buste à dr. par Gallo. Rev. Bâton d'Aesculape. Duisb. 154. n. 1. Mm. 28. Br. t.b.c.

1632 **G. L. Leclerc comte de Buffon** naturaliste. Son buste à dr. par Gatteaux. (Galerie mét.) Duisb. 144. 2. Br. Belle.

1633 — Même médaille. Br. b.c.

1634 **R. A. Buisman** bienfaiteur, président de la Société hollandaise de bienfaisance à Paris. Plaquette uniface au buste à dr. par Menger. R. A. BUISMAN et dans le champ Æ 83. — PARIJS — FEBRUARI — 1899. Mm. 96/124. Br. Rare.

1635 **Dr. Chevreul,** médecin renommé. Sa tête à g. par David. Grande plaquette uniface en bronze. Dans un cadre en ébène. Belle.

1636 **Dr. Jean Jacques Chifflet,** médecin de **Philippe IV** roi d'Espagne. Son buste de face par J. B. Maire. Ru. Légende en 12 lignes. Duisb 126. n. 2. Mm. 54. Br. Belle.

1637 **George Cuvier.** Anatomiste de Paris. Son buste à dr. par Jacobson. Rev. Isis debout OPERTA RERUM APERUIT. Méd. de 1820. Duisb. 169. 2. Mm. 42. Br. t.b.c. Rare.

1638 **Réné Just Hany, A. L. de Jussieu et Georges Cuvier.** Leurs bustes superposés à g. par Borrel. Rev. Lég. dans une couronne de laurier. Duisb. 164. Mm. 51. Br. Belle.

1639 **Dr. Jean Fernel,** médecin, astronome et mathématicien. Son buste à g. par Depaulis (Galerie mét.) Duisb. 116 n. 1. Mm. 41. Br. Belle.

1640 **Jean Fernel, Ambroise Paré.** Leurs bustes accolés à dr. par Gatteaux. *La Médecine rendue à son unité primitive.* Rev. L'académie de chirurgie. Duisb. 116 n. 3. Kluyskens I p. 302 n. 3. Mm. 60. Br. Belle.

1641 — Revers de la médaille. Duisb. 116 n. 2. Ecole de médecine de Paris. Plaquette uniface en étain. Mm. 60. t.b.c.

1642 **J. H. Le François de La Lande** astronome célèbre. Son buste à g. par Gatteaux. Rev. ASTRONOMO ET CIVI etc. Duisb. 155 n. 1. Mm. 41. Br. Belle.

1643 **L. J. Gay-Lussac** physicien et chimiste rénommé mort à Paris en 1850. Belle grande plaquette uaiface, au buste à dr. par David, dans un cadre en ébène. Bronze.

1644 **Dr. Etienne Lanthois** médecin de Paris. Son buste à g. par Tiolier Rev. HYGIÉ ET LA RECONNAISSANCE L'ONT DECERNÉE. Duisb 167 n. 1. Mm. 45. Br. Belle.

1645 **Ch. Michel de l'Epée** fondateur d'un Institut pour les **sourds-muets.** Belle médaille au buste de l'abbé à g. par Duvivier en 1801. Mm. 41. Br. Rare.

1646 **Étienne Montgolfier** aéronaute célèbre. Son buste à g. par Caqué (Gal. métallique). Duisb. p. 236 n. 5. Mm. 41. Br. Belle.

1647 **Dr. C. L. F. Panckoucke** éditeur de la dictionnaire des Sciences médicales en 60 volumes. Belle médaille par Barre. Mm. 50. Br.

1648 **Dr. Ambroise Paré** chirurgien renommé. Buste à dr. par Depaulis. Duisb. 118. Mm. 41. Br. Belle.

1649 **Dr. Antoine de Portal** président de l'académie de médecine de Paris. 1809—10. Son buste à g. Rev. Armoiries. SERVAT ET PERFICIT. Duisb. 261 n. 1. Mm. 28 Ar. t.b.c. Rare.

1650 — Même médaille, var. de gravure. Mm. 28. Ar. t.b.c. Rare.

1651 — Même pièce en étain. t b c.

1652 **Louis Henri Rouvière** pharmacien de *Paris*. Jeton de 1706. TERRET SED SANAT. Duisb. 228. Ae. b.c. Rare.

Jetons des Doyens de la Faculté de médecine à Paris.

1653 **Dr. Hyacinthe Théodore Baron.** 1731—32. Son buste à dr. Rev. Aesculape assis à g PHARMACOPOEA PARISIENSIS 1732. Duisb. 238. Laiton. Beau.

1654 — Même jeton. Ae. a.b.c.

1655 **Dr. Hyacinthe Théodore Baron** fils. Son buste à dr. par Duvivier. Rev. Armoiries. FACULT . MEDIC . PARIS 1754. Beau jeton en laiton. Duisb. 246 n. 1. Rare.

1656 — Même jeton. Ae t.b.c. Rare.

1657 — Même jeton en argent. Beau fr. post.

1658 **Dr. Edm. Claude Bourru.** Son buste à g. par Duvivier. Rev. CONCORDIA ET CONSTANTIA VINCENT. 1786—87. Duisb. 259 n. 1. Ae. a.b.c.

1659 — Buste de Dr. Bourru à g. par Duvivier. Rev. Lég. en 8 lignes. LECTIONES . PUBLIC . GALL . IDIOM . DE . ANATOM etc. Duisb. 259 n. 2. Ae. t.b.c.

1660 **Dr. Jean Bapt. Nic. Boyer.** Son buste à dr. par Duvivier. Rev. Armoiries ITERUM DECAN 1758. Duisb. 248 n. 2. Laiton. t.b.c.

1661 **Dr. Philibert Caron.** 1724. Son buste à dr. par Roettiers. Rev. Armoiries FACUL. MEDIC. PARIS. URBI ET ORBI. Duisb. 235. Ae. t.b.c.

1662 **Dr. Chenon.** Armoiries DU DOYENNE DE M. CHENON. 1789. Rev. Armoiries de la Faculté. Lég. comme sur la pièce précédente. Etain. b.c.

1663 **Dr. Jean Bapt. L. Chomel.** Son buste à g. par Duvivier. Rev. FACULT. MEDIC. PARIS 1754, 1755, 1756. Duisb. 247. Ae. b.c.

1664 **Dr. Jean Charles Desessartz.** 1777. Son buste à g. par Duvivier. Rev. Lég. en 11 lignes. Duisb. 254 n. 1. Ae. Beau.

1665 — Même jeton, laiton. b.c.

1666 **Dr. Jean Baptiste Doye.** Son buste à dr. par Roussel. Rev. Combat des Titans. CLARUS GIGANTEO TRIUMPHO et à l'ex. AN. 1715 ET 1716. Duisb. 232 n. 1. Ae. Beau.

1667 — Jeton au même type. Duisb. 232 n. 3. Ae. Usé.

1668   **Dr. Philippe Hecquet.** Armoiries, dessous sur un cartouche. M. PH. HECQUET ABBAV — FACUL. MED. PARIS DEC. 1713. Duisb. 231 n. 2. Ae. Beau fr. en piedfort.

1669   — Buste à g. par Roussel. Rev. Serpent et temple. 1714. Duisb. 231 n. 1. Ae. t.b.c.

1670   **Dr. Thomas Le Vacher de la Feutrie.** Son buste à dr. par Duvivier. Rev. Armoiries et à l'ex. 1779, 1780. Duisb. 255. Ae. t.b.c.

1671   **Dr. Jean Bapt. Thomas Martineuq.** Son buste à dr. à l'ex. AN INDE FELICIOR 1746, 1747, 1748. Rev. Légende en 6 lignes. Duisb. 245. n. 2. Ae. b c. Rare.

1672   **Dr. Mich. Louis Reneaume.** Son buste à g. par Duvivier. Rev. Insignes de la Faculté FACUL . MEDIC . PARIS. 1734, 1735, 1736. Duisb. n. 239. Ae. t.b.c.

1673   **Dr. J. C. H. Sallin.** Son buste à dr. par Duvivier. Rev. Armoiries, à l'exergue 1784, 1785. Duisb. 258. Ae. Beau.

1674   **Dr. Elias Col. de Villars.** Son buste à dr. par Duvivier. Rev. Armoiries URBI ET ORBI SALUS, à l'ex. 1741, 1742. Duisb. 243 n. 1. Ae. t.b.c.

1675   — Même pièce, trouée, a.b.c.

1676   **Collège de Pharmacie.** Jeton de 1773. Coq et serpent ET VIGIL ET PRUDENS. Rev. Dans un cartouche orné, serpent enroulé autour d'un palmier IN HIS TRIBUS VERSANTUR et à l'ex. COLLEGE . DE — PHARMACIE — 1773. Ae. Beau.

1677   **Ecole de médecine de Paris.** Tête d'Aesculape à g. Rev. En trois lignes. ECOLE — DE MEDECINE — DE PARIS. Mm. 30. Br. Belle.

1678   **Ecole de Médecine.** Buste de Napoléon I à dr. par Andrieu. Rev. Aesculape et son fils debout, par Jouannin. Mm. 41. Br. Belle.

1679   **Ecole de Pharmacie.** AU SOULAGEMENT DE L'HUMANITÉ, par Brenet. Mm. 38. Br. t.b.c.

1680   **Faculté de Médecine de Paris.** Buste d'Aesculape à g. par Galle. ΙΠΠΟΚΡΑΤΗΣ. Rev. Bâton d'Aesculape MDCCCIX. Am. 32. Br. t b.c.

1681   — Même médaille, seulement l'avers. Etain t.b.c.

1682   **Société de médecine de Paris.** Médaille de prix. Dans une branche de laurier A — L'HUMANITÉ, Médaille par Duvivier. Mm. 52. Br. Belle et rare.

1683   — Buste de Hippocrate à dr. ARS LONGA VITA BREVIS. Rev. SOCIETAS MED. PARIS INSTIT 22 MART 1796. Jeton octogone. Etain. t.b.c.

1684   **Société medico-pratique 1808** en 4 lignes dans le champ. Rev. Autel, coq. etc , à l'ex. VITA BREVIS ARS LONGA. Mm. 27. Ae. t.b c. Rare.

1685   **Société royale de médecine.** Jeton au buste de **Louis XVI** à dr. par Duvivier LUDOV . XVI . REX CHRISTIAN. Rev. En 4 lignes. SO CIÉTÉ — ROYALE — DE — MÉDECINE. Ar. Beau. Rare.

1686   **Société de Pharmacie de Paris.** Buste de Hygieia à g. Rev. Emblêmes. SOCIETAS PHARMACEUTICA PARISIENSIS MDCCXCVI. Beau jeton octogone par Barre. Ar. F.d.c.

1687   **Actes de dévouement.** Médaille décernée par l'empereur Napoléon III, par Barre. Mm. 27. Ar. b.c.

1688 **Assistance publique.** Méd. à la tête de Hippocrate de Cos à g. par Farochon. Rev. **Administration générale de l'assistance publique.** Paris. Mm. 34. Ar. Belle.

1689 **Choléra à Paris en 1832.** Médaille au buste de l'archévêque de Quelen à dr. par Gayrard. Rev. CHOLERA MORBO INGRAVESCENTE MDCCCXXXII. Pfeiff. & Rul 452. Mm. 37 Br. t.b.c.

1690 **Eaux Thermales de Vichy.** Jeton octogone au buste d'Aesculape de la compagnie des Eaux Thermales de Vichy. Ar. Beau.

1691 **Hôpital civil aux Tuileries.** Petite médaille de 1848. Mm. 25 Ae. argenté. Belle.

1692 **Hygiène.** Médaille de la Préfecture de police. **Commissions d'Hygiène publique et de salubrité.** Belle médaille par Roty au buste de la République à g. Mm. 37. Ar.

1693 **Peste à Marseille en 1775.** Jeton octogone par Gatteaux au buste de **Louis XVI à** dr. Rev. CONSILIUM MASSILIENSIS SALUTIS PUBLICÆ CUSTOS MDCCLXXV. Ar. t.b.c

1694 **Pharmacie.** Société de prévoyance des pharmaciens de la Seine. 1824. Jeton octogone de 1853, par Chabaud. Ar. F.d.c.

1695 **Philantropie.** *Société philantropique française du Rio de Plata.* Rev. 10. *Fête de Saint-Cloud. 1889. Buenos-Ayres.* Petite médaille portative avec ruban. Nickel.

1696 **Sauvetage de noyés.** Médaille décernée par le roi **Louis Philippe à Antoine Catalorda** pour sauver des personnes exposées à périr dans les flots. 1848. Médaille portative en argent, avec ruban. Belle.

1697 **Sauvetage.** Médaille décernée par le roi **Louis XVI à S. Bouvard.** *Major de la Milice Bourgeoise de Rennes, pour avoir en exposant sa vie, sauvé celle de quatre ouvriers ensevelis sous les ruines d'une maison en feu le 14 Janvrier 1786.* Mm. 41. Br. Belle.

1698 **Société de Secours mutuels de Montrouge à Mr. Janssens.** TEMOIGNAGE DE RECONNAISSANCE. Belle médaille par A. Rivet. Mm. 49. Ar.

1699 **Vaccine.** Buste de **Napoléon I à** dr. par Andrieu. Rev. **La Vaccine.** Aesculape et Vénus debout. Pfeiff et Rul. n. 399. Mm. 41. Br. Belle.

1700 — Avers comme le revers de la pièce précédente. Rev. **Ministère de l'Agriculture et du commerce et dans une couronne. Mr. Montgellaz — Doctr, médecin — à Reignier — (HTE. SAVOIE) 1870. Mm. 41, Ar. Belle. Rare.

1701 — Buste de **Louis XVIII à** g. Rev. Dans une couronne VACCINATIONS MUNICIPALES DE PARIS M.DCCCXIV. Mm. 32. Ar. t.b.c. Rare.

1702 **Dentiste. Deveaux Dentiste à Angoulème.** Tête à g. Rev. Lég. en 6 lignes. Mm. 34. Ae. t b c.

1703 **Paris. Rob. B. Laffecteur** seul autorisé par le Gouvern. et approuvé par l'Académie royale de médecine de Belgique. Av. Académie R^{le}. de médecine de Belgique. Mm. 41. Br. t b.c.

1704 — Même médaille, var. de gravure et à l'avers MEDAILLE D'ENCOURAGEMENT et signée *Montagny*. Mm. 41. Br. t.b.c.

1705 **François Vincent Raspail.** Buste de face. Rev. Légende. Petite médaille portative de 1878. Ae.

1706 — Bustes de **Barbès et Raspail** en regard. Rev. République Démocratique et sociale. Petite médaille portative. Ae. Belle.

88

ALLEMAGNE.

1707   **Dr. Jean Frédéric Blumenbach** anatomiste à Göttingen. Médaille de 1825 par Gube, au buste du médecin à g. Rev. Trois crânes. Duisb. 428 n. 1. Mm. 50. Ar. Belle.

1708   — Même médaille en bronze. Belle.

1709   — Même médaille en fer. t.b c.

1710   **Dr. Urb. Fréd. Bén. Brueckmann** médecin de **Brunswick.** Son buste à dr. par Abramson. Rev. Hygieia debout. Duisb. 385. Mm. 34. Ar. t.b c.

1711   **Dr. J. A. J. Buettner** médecin en chef de l'armée prussienne. Son buste à g. par Brandt. Médaille de 1835. Duisb. 440. Mm. 47. Br. Belle.

1712   **Dr. C. J. Carstanjen** médecin et professeur à l'université de **Duisburg.** Son buste à dr. par Pfeuffer. Méd. de 1835. Duisb. 438. Mm. 42. Br. Belle.

1713   **Dr. Jean Henry de Chaufepié** médecin et chirurgien à Hambourg. Médaille de 1844, par Alsing au buste du médecin à g. Duisb. 451. Mm. 43. Br Belle.

1714   **Dr. J. Goercke** chirurgien en chef de l'armée prussienne, fondateur d'un séminaire militaire médico-chirurgique-Médaille de 1805 au buste à dr. par Loos. Duisb. 397 n. 1. Mm. 39. Ar. F.d.c.

1715   — Même médaille en bronze. Belle.

1716   — Même médaille en fer. b.c.

1717   — Son buste à g. DR . IOH . GOERCKE GENERAL STABS-CHI-RURGUS. Rev. Génie écrivant les noms de **Holzendorf, Schmucker, Theden, Goercke** sur un monument. Duisb. 397 n. 2. Mm. 46. Fer. t.b.c.

1718   **Joh. Wolfg. von Goethe.** Son buste à g. par König. Rev. Goethe sur un cygne. Belle médaille de 1832. Duisb. 414 n. 11. Mm. 42. Br.

1719   — Son buste à dr. par Kullrich. Rev. Zur Erinnerung an den 28 August 1849. Duisb. 414 n. 12. Mm. 38. Br. Belle.

1720   **Dr. C. F. von Graefe** chirurgien major. Médaille de 1829 au buste à g. par Pfeuffer. Rev. Lég. en 8 lignes Duisb. 429. Mm. 47. Ar. F.d.c.

1721   — Même médaille en bronze. t.b c. (bis a.b c)

1722   **Dr. D. E. Günther** médecin, professeur à Duisburg. Son buste à g. par Pfeuffer. Rev. Lég en 9 lignes. Médaille de 1822. Duisb. 418. Mm. 41. Ar. F.d.c.

1723   Même médaille en bronze. Belle.

1724   **Dr. C. G. Hagen** physiologue et chimiste à Königsberg. Médaille de 1825 au buste à g. par Gube. Duisb. 407 n. 1. Mm. 42. Ar. Belle.

1725   — Même médaille en bronze. Belle.

1726   **Dr. Samuel Hahnemann** médecin homoepathe. Son buste à g. par Krieger. Rev. SIMILIA SIMILIBUS. Duisb. 435 n. 2. Mm. 39. Br. Belle.

1727   — Buste à dr. par Rogat. Rev. A LEUR MAITRE LES HOMOEPA-THISTES FRANÇAIS. Duisb. 435 n. 3. Mm. 50. Br. Belle. Rare.

1728   — La même médaille, seulement l'avers. Etain. t.b.c.

1729   **Dr. Ernst Louis Heim,** médecin renommé de Berlin. Son buste à dr. par Brandt. Rev. Aesculape assis à g. Médaille de 1822. Duisb. 417. Mm. 41. Br. t.b.c.

1730   **Salomon Heine** fondateur de l'hôpital israëlite à **Hambourg**, en mémoire de feu sa femme Betty Heine. Buste de Heine à g. Rev. L'hôpital. Mm. 45. Br. Belle.

1731   — Petite médaille ou jeton au même sujet. Ae. t.b.c.

1732   **Dr. C. G. Hufeland** médecin renommé de Berlin. Belle médaille de 1833 au buste à dr. par Brandt. Duisb. 420 n. 1. Mm. 41. Br. Belle.

1733   **Alexander von Humboldt** naturaliste renommé. Son buste à g. par Pfeuffer. Rev. Lég. en 7 lignes. Duisb. 454 n. 3. Mm. 41. Br. doré. Belle.

1734   — Son buste à dr. ALEXANDER·V. HUMBOLDT. Rev. Allégorie. Bord orné d'arabesques. Superbe médaille par Hubert. Duisb. 454 n. 5. Mm. 61. Br. Rare.

1735   — Buste de **Humboldt** à g. entouré d'une double légende. Rev. *Doyen des associés de l'Institut de France, le plus grand savant du siècle, créateur de la physique générale du globe.* Dans le champ lég. en 27 lignes. Médaille par Bovy. Mm. 75. Etain. Belle.

1736   **Dr. C. F. von Kielmeyer** physicien renommé de Stuttgart. Son buste à g. par Held en 1834. Duisb. 436. Mm. 41. Br. Belle.

1737   **Dr. Joh. Klainmuelher** d'Augsbourg en 1527. Son buste en bonnet à g. entre M . D . — XXVII — IOHAN . KLAINMVELHER . DER . ERONEY . DOCTOR . AVGVSTAN IM ALTER . LIIII. Plaquette uniface. Mm. 98. galvanoplastique.

1738   **Dr. Ch. Knape** professeur en médecine et anatomie. Son buste à g. par Voigt. Méd. de 1823. Duisb. 410. Mm. 41. Br. t.b.c.

1739   **Dr. Robert Koch** professeur médecin renommé. Son buste entouré de laurier tourné à dr. Rev. UT SEMENTEM FECERIS ITA METES. Mm. 50. Ar. F.d.c.

1740   — Buste de face tourné à dr. R . KOCH . MEDICUS . DOCTRINA . AC . MODESTIA . AEQUE EXCELLENS. Rev. en 6 lignes. TUBERCULOSIS . ORIGINEM . INDACAVIT . INVENIT . SUSTULIT . GOSSLERI . AUSPICIIS . ANNIS . 1882—1890. Mm. 50. Br. F.d.c.

1741   — Buste de face. Rev. DEM GROSSEN FORSCHER. 1890. Mm. 27. Br. F.d.c.

1742   **Dr. J. C. J. Lohmeyer,** médecin en chef de l'armée prussienne. Son buste à dr. par Pfeuffer. Belle médaille de 1850. Duisb. 447. Mm. 47. Br.

1743   **Dr. Charles Frédéric Philippe de Martius** de Munich. Son buste à g. par Radnitzky. Rev. PALMARVM . PATRI . DANT . LVSTRA . DECEM . TIBI . PALMAM. Des branches de palmier, entourées d'une bordure d'arabesques, XXX . MARTII . MDCCCLXIV. Mm. 60. Br. Belle médaille.

1744   **Moses Mendelssohn** physiologiste. Son buste à g. par Abraham. Rev. Crâne sur lequel un papillon. PHAEDON. Duisb. 356. Mm. 44. Ar. Belle.

1745   **Dr. J. C. Henri Meyer,** médecin et anatomiste de Berlin. Son buste à g. Rev. ANDENKEN AN DANIEL LOOS . BERLIN 1819. Duisb. 404 n. 1. Mm. 39. Br. Belle.

1746   **Dr. L. Oken** naturaliste célèbre. Son buste à dr. par Koenig. Rev. Des momies. Duisb. 445. Mm. 41. Br. Belle.

1747   **Dr. H. G. M. Olbers** médecin et astronome célèbre. Son buste à g. par Pfeuffer. Rev. en 15 lignes. Médaille de 1830. Duisb. 430 n. 1. Mm. 50. Ar. t.b.c.

1748   — Même médaille en bronze. Belle.

1749   **Dr. Olbers et Dr. C. R. Treviranus.** Leurs bustes superposés à g. par Wilkens. Médaille de 1844. Duisb. 430 n. 3. Mm. 47. Br. t.b.c.

1750   **Dr. C. H. Pfaff** médecin renommé. Son buste à g. par Lorenz. Rev. Laboratoire chimique Médaille de 1843. Duisb. 446. Mm. 47. Br. t.b.c.

1751   **Dr. G. Pickel** médecin, professeur en chimie et chirurgie à Wurzbourg. Son buste à dr. par Neuss, entouré d'une double légende. Médaille de 1828. Duisb. 424. Mm 39. Br. Belle.

1752   **Dr. Io. Chr. Reil** médecin renommé de Berlin. Son buste à g. par Jachtmann. Rev. Lég. en 7 lignes Duisb. 386 n. 2. Mm. 41. Br. Belle.

1753   **Dr. C. Asmund Rudolphi** anatomiste et physiologiste renommé de Berlin. Son buste à g. par Putinati en 1832. Rev. Légende en 6 lignes. Duisb. 412 n. 1. Mm. 55. Br. Belle. Rare.

1754   — Son buste drapé à g. Plaquette uniface en fer. Sur le revers *Rudolphi*. Duisb. 412 2. Mm. 90. Rare.

1755   — Buste du dr. **Rudolphi** à g. par Koenig. Rev. Légende en 10 lignes. Médaille de 1832. Duisb. 412 n. 2. Mm. 42. Br. Belle.

1756   **Dr. Eduard Rueppel** naturaliste renommé de Franckfort s/M. Son buste à g. par Pfeuffer. Rev. Lég. en 8 lignes. Belle médaille de 1828. Duisb. 462. Mm. 50. Br. Belle.

1757   **Dr. Friedrich Emil Sander** mort en 1878. Son buste de face tourné à dr. Rev. Dans une couronne de laurier en 8 lignes. DEM FORSCHER SCHRIFTSTELLER UND MEISTER IN GESUNDHEITSPFLEGE UND HEILKUNDE. Mm. 45. Ar. F.d.c.

1758   **Friedrich von Schiller.** Sen buste à dr. par Staudigel. Rev. Psyche entourée d'étoiles par Fischer. Médaille en mémoire de la fête séculaire en 1859. Duisb. 379 n. 3. Mm. 42. Ar. F.d.c.

1759   — Même sujet. Médaille en étain par Kullrich. Duisb. 379 n. 5. Mm. 35. Etain. t b.c.

1760   — Même sujet. Buste à dr. Duisb. 379 n. 11. Mm. 37. Etain. b.c.

1761   — 1859. Médaille miniature au buste de Schiller à g. au même sujet. Mm. 15. Ae. t.b.c.

1762   **Dr. S. Th. A. von Soemmering** médecin renommé de **Franckfort** s. M Son buste à dr. par Pfeuffer. Médaille de 1828. Duisb. 408 n. 2. Mm. 50. Br. t.b.c.

1763   **Dr Gustav Adolph Spiess de Franckfort s. M.** médecin pendant 50 ans en 1873. Belle médaille au buste à g. par Schnitzspahn. Rev. Lég. en 8 lignes. Mm. 52. Br.

1764   **Dr. Joh. Stieglitz** de Hanovre médecin renommé. Son buste à g. par Brandt. Duisb. 432. Mm. 47. Br. b. c.

1765   **Dr. Joh. Chr. Ant. Theden** chirurgien général prussien 1787. Son buste à dr. par Loos. Rev. Légende. Duisb. 367 n. 1. Mm. 35. Ar. F.d.c

1766   — Même médaille en bronze belle

1767   **Dr. Frédéric Tiedemann.** Astronome et anatomiste. Son buste à dr. par Voigt. Rev. Etoile. Belle médaille de 1854. Duisb. 457. Mm. 45. Br. Belle.

1768   **Dr. Joh. Barth. Trommsdorff** professeur en chimie et pharmacie à l'Université d'Erfurt. Son buste à dr. par Koenig. Belle médaille de 1834. Duisb. 422. Mm. 44 Ar. Belle.

1769   — Même médaille en bronze Belle.

1770   **Dr. G. H. Weber** professeur en médecine à Kiel. Son buste à g. par Jachtmann. Médaille de 1824. Duisb. 403. Mm. 41. Br. b.c. Rare.

1771   — Même médaille en fer. b.c.

1772   **Dr. Johann Wendt** médecin, professeur à Breslau. Son buste à g. par Pfeuffer. Duisb 437 n 2. Mm. 41. Br. Belle.

1773 **Dr. Joh. Wilh. von Wiebel** médecin en chef de l'armée prusienne. Son buste à dr. par Brandt. Méd. de 1834 Duisb. 442. Mm. 47. Br. Belle.

1774 **Aumônerie.** Méreau pour du pain d'**Elberfeld.** Pfeiffer & Ruland n. 176. Ae. t.b.c.

1775 — Méreau pour du pain de 1846/47. Pf. & R. 211. Ae. t.b.c.

1776 **Choléra. Berlin** délivrée du choléra en 1832. Médaille par Pfeuffer. Pf. & R 443. Mm. 36. Br. Belle.

1777 — **Hambourg** délivrée du choléra en 1832, par Pfeuffer. Pf. & R. n. 447. Mm. 36. Br. Belle.

1778 **Colonies de vacance** pour les enfants pauvres. Belle médaille de 1884 aux bustes du prince et de la princesse **Friedrich.** Rev. Des enfants jouants. Belle médaille par Küllrich. Mm. 50. Ar.

1779 **Comète de 1744.** Comète et des étoiles à l'ex. 1744. Rev. en 6 lignes. WER HAT DES HERRN SINN ERKANNT? RöM. XI.34. Pf. & R. 97. Mm. 22. Ar. Belle.

1780 **Congrès des physiciens et médecins** à Hambourg 1830. Médaille par Koenig. Mm 41. Br. Belle.

1781 **Congrès des naturalistes à Berlin** 1828. Médaille par Koenig. Mm. 41, Br. Belle.

1782 **Congrès des physiciens et médecins à Breslau** 1833, avec vue de l'hôtel de ville par Pfeuffer. Mm. 45. Br. t.b.c.

1783 **Croix rouge.** *Vaterländischer Frauen Hülfsverein — Hamburg.* Avers Mère avec ses enfants. Rev. Dans le champ une croix. Médaille en argent. Mm. 40. Belle.

1784 **Pharmacie.** *Hof-apotheker Altenburg.* Rev. *Ein Glas — Kohlen-Saueres Wasser.* Ae. t b.c.

1785 — **Apotheke zum Weissen Adler in Posen.** *1 Glas Kohlen-saur. Wasser.* **J. Jagielski.** Rev. Légende polonaise. Ae. t.b.c.

1786 **Eaux Thermales.** *Verwaltung des Königl. Kurhauses Kissingen.* Rev. $^1\!/_2$ *Glas Molke.* Ae. F.d.c.

1787 **Famine en 1713.** *Da wird sich allererst die Noth anheben. Matth. 24. v. S.* Pf. en R. 85. Ae. t.b.c.

1788 **Famine en Saxe** 1771—1772. *Grosse Theurung — Schlechte Nahrung.* Médaille en étain. Pf. en R. 112. Mm. 44. t.b.c.

1789 — Même sujet. *Gotter Hand Schlägt das Land.* Pf. & R. 119. Mm. 45. Etain. t.b.c.

1790 **Famine à Halle.** THEURE ZEIT. Halle 1846—1847. Pf. & R. 215. Mm. 42. Etain. b.c.

1791 **Famine, Maladies** etc. 1772. Eglise avec cimétière, la mort entrant une maison. Rev. Légende en 13 lignes. Pf. & R. 139. Etain. t.b.c. Rare.

1792 **Famine en Württemberg** 1816—1817. Homme et femme pleurant. Rev. Femme avec couronne et corne d'abondance. Méd. portative. Mm. 33. Ar. b.c.

1793 1816—1817. Mère avec ses enfants GIEB MIR BROD MICH HUNGERT. Rev. Balance. Mm. 33. Ae. portative. t.b.c.

1794 — Même médaille sans oeuillet. Ae, t.b.c.

1795 — Même médaille, var. Au revers. balance, du blé, et une ancre Mm. 35. Ae. a.b.c. troué.

1796 — Même médaille, variété de gravure. Mm. 33. Ae. argenté. Belle.

1797 **Hôpital à Hambourg** inauguré. Médaille KRANKENHOF 1813 et KRANKENHAUS 1823. par Pfeuffer. Mm. 44. Ar. Belle.

1798 — Même médaille en bronze. Belle

1799 — *Zum Andenken an Weihnacht 1870 in Hamburgs Lazarethen.* Médaille par Nathan. Mm. 37. Br. Belle.

1800 **Humanité.** *Verein gegen. Thierquaelerei* **Hamburg.** Médaille par Siegmund & Co. Mm. 44. Br. Belle.

1801 **Inondations en Allemagne, XVIIme siècle.** WIR WAREN KINDER DES ZORNS VON NATVR. Un enfant dans un berceau, dans un paysage inondé Rev. WIR SIND NUN GOTTES KINDER. Baptême. Mm. 40. Ar. Belle.

1802 *Inondations en 1784.* WASSERSNOTH IN EUROPA. Médaille en étain. Pf & R. n. 167. Mm. 46. b.c.

1803 **Kranken- u. Sterbe-Casse** d. Reepschlägergesellen zu Hamburg. 300 Jährige Jubilaeum. 1880. Belle médaille par Bergman. Mm. 42. Br.

1804 **Guérison** de l'Impératrice **Friedrich.** ZUR GENESUNG AUS SCHWERER KRANKHEIT. 1900. Belle médaille au buste à g. par Oertel. Mm. 31. Ar.

1805 **Orphélinat à Lahr.** Vue de l'orphélinat. Rev. Un orphelin sur une chaise. Petite médaille. Ae. t.b.c.

1806 **Peste à Wittenberg.** 1528. Thaler. Var de Pf. & R. n. 236. Ar. t.b.c. troué.

1807 **Peste à Hambourg.** 1713. La Tristesse debout. PATET ATRI IANUA. DITIS. Rev. Vue de la ville. CLAUSUS DESCENSIS AVERNI. Belle médaille en argent. Pf. & R. 344. Mm. 47. Belle et rare.

1808 **La Santé.** GESUNDHEIT VERLAENGRE DEIN LEBEN. La Santé assise à g. nourissant un serpent. UND FREUDE VERKURZE DIE ZEIT. La Joie. Mm. 36. Ar. b.c.

1809 **Santé.** *Zur Erinnerung an das 10 Jährige Bestehen der Freiwilligen* **Sanitäts-Kolonne.** *Berlin.* 1898. Méd. au buste de l'empereur Guillaume II à dr. Mm. 30. Ar. F.d.c.

AUTRICHE.

1810 **Dr. Edouard Albert** professeur en chirurgie à l'Université de **Vienne.** Son buste à dr. par Scharff Rev. Légende en 15 lignes. PROFESSORI CHIRVRGIAE . CELEBERRIMO PER . ANNOS . DECEM etc. Superbe médaille de 1891. Mm. 62. Ar. Rare.

1811 **Dr. Ernst von Feuchtersleben** médecin de Vienne. Son buste à g. par Radnitzky. Rev. MEDICO . PHILOSOPHO . POETAE. Duisb. 443. Mm. 50. Br. t.b.c. Rare.

1812 **Dr. Jean Pierre et Joseph Frank** médecins renommés. Leurs bustes superposés à g. par Broggi. Rev. SCIENTIS AUXILIUM PRÆSENS HUMANITATE COMITE. Duisb. 395 n. 1. Mm. 52. Br. Belle.

1813 **Dr. Franz Joseph Gall** anatomiste et physiologiste renommé. Son buste à dr. Médaille de 1805. Duisb. 405 n. 1. Mm. 39. Br. Belle.

1814 — Son buste à dr. par Abramson. Av. Crâne. Duisb. 405 n. 2. Mm. 40. Etain. b.c.

1815 — Son buste à dr. par Barre. Rev. AU CRÉATEUR DE LA PHYSIOLOGIE DU CERVEAU. Duisb. 405.4. Mm. 46. Br. t.b.c.

1816 **Dr. Guillaume Haidinger** physicien et minéralogue renommé. Son buste à dr. par Lange. Rev. Globe entouré du zodiaque. Médaille de 1856. Duisb. 467. Mm. 64. Br. Belle.

1817 **Dr. Joseph Hyrtl** professeur en anatomie à l'Université de Vienne. Son buste à dr. par Jauner. Rev. Légende en 14 lignes. Superbe médaille. Mm. 69. Br. Rare.

1818 **Dr. Jean et Charles Presl** médecins renommés de Prague. Av. Leurs bustes. Rev. Arbre FRATERNIS . ET . NATVRAE . ET . DISCI-PLINAE . VINCVLIS . CONIVNCTI. Mm. 69. Br. Belle.

1819 **Dr. André Joseph baron de Stifft** médecin de l'empereur. Son buste à dr. par Lang. Rev. AUGUSTUM GRAVITATE MÂLI FERT FEBRIS AD ORCUM etc. Duisb. 421 n. 1. Mm. 48. Ar. Belle.

1820 1834. Son buste à dr. par Boehm. Rev. Lég. en 9 lignes. Duisb. 421 n. 2. Mm. 52. Br. t.b c.

1821 **Dr. Gerard van Swieten** disciple de Boerhave. Son buste à dr. par Wideman. Rev. DOCET ET SANAT. Apollon assis à g. à l'ex. MED. VIENN . EMEND. Duisb. 488 n. 1. Mm. 49. Ar. Belle. Rare.

1822 — Médaille au buste à dr. par Wideman. Rev. Monument OB DOC-TRINAM ET INTEGRITATEM. Duisb. 488 n. 2. Mm. 50. Etain. t.b c. Rare.

1822a **Fr. v. Zach** astronome célèbre décédé en 1832. VOTORVM ILLVSTRISS. VIRO FRANCISIO DE ZACH etc. Duisb. 415. Mm. 28. Ar Belle.

1823 **Académie medico-chirurgique militaire.** Buste de l'empereur **Joseph II** à dr. par Donner. Rev. En 4 lignes ACADEMIA MEDICO CHIRVR-GICA MILITARIS. Mm. 35. Ar. F.d c. Rare.

1824 **Hôpital civic de Trieste.** Vue de l'hôpital OSPEDALE CIVICO DI TRIESTE, par Canzani. Medaille uniface en étain. Mm. 47. Belle.

1825 **Hôpital de quarantaine à Trieste** 1769. Bustes opposés de **Joseph II** et **Marie Thérèse.** Jeton en argent. Pf. & R 366. Ar. a.b.c. Rare.

1826 **Hôpital militaire à Vienne.** Médaille portative en plomb. Wellenheim 7920. Mm. 59. a.b.c.

1827 **Congrès des Naturalistes et Médecins à Grätz** 1843. Belle médaille au buste de l'archiduc Johann à dr. par Cesar. Mm. 49. Br.

1828 **Congrès des naturalistes et médecins à Prague** 1837. Médaille avec vue de l'hôtel de ville, par de Lerch. Mm. 45. Br. Belle.

1829 **Congrès à Vienne.** 1832. Médaille par Boehm. Mm. 41. Br. t.b.c.

1830 **Congrès à Vienne en 1856.** Belle médaille par Radnitzky. *Der XXII Versammlung Deutscher Naturforscher u. Aerzte, die Stadt Wien.* Mm. 69. Br. Belle.

1831 **Petites Véroles.** L'Impératrice Marie Thérèse guérie. Son buste à dr. par Wideman. Rev. OB REDDITAM PATRIÆ MATREM 22 IVLII MDCCLXVII. Pf. & R. 376. Mm. 46. **Ar.** Belle.

1832 — Même médaille. Ar. b.c.

1833 **Eaux Thermales.** *Entdeckung der Heilquellen* in **Teplitz.** 762. Jubilé de 1100 ans en 1862. Médaille par Fischer. Mm. 50. Br. Belle.

Suède et Norvège.

1834 **Dr. Pierre d'Afzelius** professeur en médecine à l'Université d'Upsala. Son buste à dr. Rev. Lég. en 5 lignes. Méd. de 1835. Duisb. 570 n. 2. Mm. 49. Br. t.b c.

1835 **Dr. J. J. Berzelius** professeur en chimie de Stockholm. Son buste à g. par Kirchner. Rev. Balance. Duisb. 571 n 2. Mm. 41. Ar. Belle.

1836 — Même médaille en bronze. Belle.

1837 — Buste à dr. JACOBUS BERZELIUS NAT . MDCCLXXIX . DEN . MDCCCXLVIII. Rev. Hygieia et Génie, d'appareil chimique. NATURAM JUSSIT VIRES PROFERRE LATENTES. Médaille par Lundgren. Duisb. 571 n. 3. Mm. 57. Ar. t.b.c. Rare.

1838 — Même médaille en bronze. Coulée. b.c.

1839 **Dr. A. J. Hagströmer** médecin à Stockholm. Buste à dr. par Frumerie. Rev. Bâton d'Aesculape dans une couronne. Mm. 30. Br. Belle.

1840 **Dr. Charles Linné.** Son buste à dr. Rev. Trois couronnes éclaircies par le soleil ILLUSTRAT. Duisb. 537 n. 2. Mm. 35. Etain. t.b.c.

1841 — Médaille au buste du **Dr. Linné** à g. de la Société royale d'agriculture et d'horticulture linnéenne à Bruxelles, par Würden. Mm. 50. Ar. Belle.

1842 — Même médaille en bronze. Belle.

1843 — La même médaille, variété de gravure. Br. Belle.

1844 **Dr. Swen Rinman** minéralogue et physicien. Son buste à dr. par Frumerie. Rev. Cube. Duisb, 545 n. 1. Mm. 40. Ar. Belle.

1845 – Son buste à dr. signé C . M . M — . SVEN RINMAN. Rev. Même type. Mm. 31. Ar. Belle.

1846 **Dr. Nicolas Rosen de Rosenstein** professeur en médecine à l'Université d'Upsala. Son buste à dr. par Ljungberger. Duisb. 533 n. 1. Mm. 34. Br. Belle.

1847 **Dr. Frédéric Rudberg** physicien, professeur à Upsala. Son buste à g. par Ahlborn. NAT . 1800 . DEN 1839. Médaille de 1863. Mm. 31. Ar. Belle.

1848 **Charles Guillaume Scheele** chimiste renommé. Son buste à dr. par Wikman. Rev. Urne radiée. Duisb. 543 n. 1. Mm. 35. Ar. Belle. Rare.

1849 **Dr. Michael Skjelderup** professeur en médecine à l'Université de Christiania. Buste à g. par Schilling. Rev. Aesculape debout. Méd. de 1849. Duisb. 572. Mm. 34. Br. F.d.c.

1850 **Dr. Martin Strömer** mathématicien et physicien, Son buste à g. Rev. Lég. en 7 lignes. Duisb. 539. Mm. 34. Ar. Belle.

1851 **Dr. P. G. Wargentin** physicien et astronome renommé. Son buste à dr. Rev. AD SPECTAT OLYMPUM etc. Médaille sur sa mort en 1773. Mm. 31. Ar. Belle.

SUISSE.

1852 **Jean Caspar Lavater de Zurich.** Son buste à dr. IOHANN CASPAR LAVATER. Rev. GEBOHREN DEN XV NOVEM. MDCCXLI Duisb. 374 n. 1. Mm. 36. Etain. t.b.c.

1853 — Son buste à g. par Lévêcque (Série Durand). Duisb. 374 n. 4. Mm. 41. Br. Belle.

1854 **Dr. Jean Lucas Schoenlein** professeur en médecine à Zurich. Son buste à g. par Bovy. Rev. Lég. en 9 lignes. Médaille de 1839. Duisb. 461. Mm. 41. Br. Belle.

1855 **Dr. Leonhard Thurneysser de Bâle.** (1531—1596). Alchimiste Amulette. EHRE DEN ARTZT etc. Moehsen II pl. II n. 4. Mm. 49. Etain. t.b.c.

Russie et Montenégro.

1856 **Dr. Elias Wasiliwich Bujalsky de St. Pétersbourg.** Son buste en uni- forme à dr. légende russe. (*L'Académie impériale médicio-chirurgique et la Société russe de médecine*). Rev. Dans une couronne de laurier, légende russe en 10 lignes, Médaille par P. Brusnitzyn. Mm. 62. Br. t.b.c. Rare.

1857 **Peste à Moscou** en 1771. Médaile en honneur du **Comte Gregory Gregoriwich Orloff** pour secours rendus pendant l'épidémie. Buste du comte à g. par Waechter. Rev. Le comte à cheval, lég. russe, à l'ex. en lég. russe. (*Moscou délivrée de la Peste en 1771*) Pfeiffer & Ruland n. 368. Mm. 92. Br. Belle. Rare.

1858 **Hôpital des enfants trouvés à Moscou.** Buste du Comte **Iwan Betskoi** à dr. Rev. La Gratitude assise près d'un monument auquel un enfant attache les initiales du comte Betskoi, vue de l'hôpital, légende russe. P. & R. 485. Mm. 65. Etain. Belle.

1859 **Observatoire d'astronomie.** Belle médaille au buste de l'empereur **Nicolas I** à g. par Gube. Rev. Vue de l'Institut, entouré du Zodiaque. Mm. 65. Br. Belle.

1860 **Montenégro. Dr. Coetosar Miletitsch** physicien et homme d'état. Buste de face. Rev. Double aigle couronnée dans une couronne de laurier. Médaille en étain de 1870. Mm. 40. Belle.

ITALIE.

1861 **Dr. Maurice Bufalini** professeur en chirugie à l'académie de Padoue. Son buste à g. par Pieroni. Rev. GLI AMMIRATORI — FIRENZE DECEMBRE MDCCCLXIII. Mm. 50. Br. Belle.

1862 Dr Antoine Cocchi (1695—1758) médecin renommé de Bénevente. Son buste à dr. par Selvi. Rev. La Hygiée et la Philosophie debout. Méd. de 1745. Duisb. 80. Mm. 85. Br. Coulée t.b.c.

1863 **Dr. C. Colliex** médecin de **Turin.** Inscription en 13 lignes A C COLLIEX PRIMO OPERATORE IN LOMBARDIA etc. Rev. Banc d'opération. MILANO XXV GENNAJO MDCCCXXXV. Duisb. 110. Mm. 51. Br. t.b.c.

1864 **Dr. Hieronymus Fracastorius** médecin de Vérona. Son buste à g. par Cerbara. Rev. Lég. en 5 lignes. Duisb. 18 n. 4. Mm. 41. Br. t.b.c.

1865 **Dr. Louis Galvani** médecin de Bologne. Son buste à dr. par Caqué. Rev. Légende. Duisb. 93.4. Mm. 40. Br. Belle.

1866 **Dr. Marcello Malpighi.** (1628—1694.) Médecin. Son buste à g. Rev. Femme couchée sur un banc. TVTISSIMO . LVMINE . EXHIBITO à l'ex. MDCXCIII, par St. Urbain. Duisb. 50 n. 2. Mm. 35. Br. Belle.

1867 **Dr. Jean Baptiste Morgagni,** professeur en anotomie à Padoue. Son buste à dr. par Mercandetti. Rev. Aesculape et Minerve près d'un cadavre. Médaille de 1808. Duisb. 83 n. 2. Mm. 66. Br. Belle.

1868 **Dr. Aloysi Sacco** professeur en médecine à Milan. Son buste à g. par Tadolini. Rev. Légende en 3 lignes. Duisb. 103 n. 1. Mm. 54. Br. Belle.

1869 **Dr. Giovanni G. Sbaraglia,** professeur en anatomie à Bologne. Son buste à g. Rev. Arbre. INVTILES AMPVTANS. Duisb. 60 n. 2. Mm. 35. Br. Belle.

1870 **Hôpital militaire à Milan. Av. Hôpitaux de Milan.** — AUX BLESSÉS ET MALADES DE L'ARMÉE ALLIÉE FRANCO—PIÉMONTAISE LES COMMERÇANTS DE MILAN. Avers 5 JUIN 1859. **Mm.** 31. Ar. t.b c.

1871 **Hôpital** inauguré par le pape Pie IX. Buste à g. par Bianchi. Rev. Vue de l'hôpital. HOSPITIVM DEMENTIBVS . CVRAND . COMMO- DIVS . INSTAVRATVM . AMPLIATVM. Mm. 43. Br. Belle.

1872 **Peste à Milan.** 1576. Médaille au buste du cardinal **Charles Borromeus** à g. Rev. *humilitas* couronnée Mm. 31. Br. doré. Belle. portative.

Pièces omises.

1873 **Espagne. La Peste à Barcelone.** 1821. (*Fièvre jaune*) Médaille en bronze par Gayrard. Pfeiffer & Ruland 439. Mm. 48. t.b.c.

1874 **Angleterre.** 1789. Le roi George **III** guéri d'une maladie grave. Buste à dr. par Droz, Rev. Vase, serpent etc. FELICITAS PUBLICA et à l'ex. SAL . REG . REST 1789. Mm. 35. Ae. argenté. Belle.

1875 — Même sujet. Buste du roi à dr. entre G — III, lég. GOD SAVE THE KING. 1788. Rev. WHEN — WE FORGET — HIM — MAY GOD FORGET -- US. — *Thurlow* et à l'ex. RESTORED TO HEALTH — MARCH. 1789 Mm. 33. Ae. t.b.c. Rare.

1876 — **Manchaster Infirmary** *and* **Lunatic Hospital.** Vue de l'hôpital. Rev. SOUTH FRONT OF THE EXCHANGE AT LIVERPOOL Mm. 43. par Seward. Br. doré. t.b.c.

1876*a* **Fléau des sauterelles** en Allemagne 1748. (Heuschreckenplage). Une sauterelle EIN UNGEBETNER GAST et à l'exergue AVS FREMDEN LANDE . N. Rev. Des arbres et un essaim de sauterelles KOMMT FELD UND WALD ZUR LAST à l'ex. 1748. Pf. en R. 100. Mm. 22. Ar. t.b.c. Rare.

1877 **Allemagne. Dr. God. Christ. Beireis** professeur en chirurgie à l'université de Helmstadt. Son buste à g. Rev. Deux couronnes de laurier juxtaposées HELMSTADII DXXVIIII MAII. Médaille de 1809. Duisb. 381 n. 2. Mm. 45. Ar. F.d.c.

1878 **Empereur romain. Trébonien Galle.** Denier au buste radié à dr. Rev. Apollon debout, tenant lyre et branche de laurier APOLL SALV-TARI. Billon b.c.

1879 **Chine.** Amulette carrée uniface. Légende en 4 lignes à cinq caractères. Mm. 80. Ae. Extrêmement rare.
Voir la gravure.

1880 — Amulette carrée, variété de la pièce précédente. Ae. Extrêmement rare.

Méreaux, médailles municipales.

1881 **Alkmaar.** Médaille municipale. ALCMARIA VICTRIX. Ar. F.d.c.

1882 **Bois-le-Duc.** Médaille municipale de 1723 et de 1741. Snoeck n. 33 et 60. 2 ps. Ar. b.c.

1883 — Médaille municipale de 1776 (Duc de Brunswick) et de 1785. Snoeck 79 et 83. Ae. 2 ps. belles.

1884 — Double médaille municipale de 1776, le Duc de Brunswick pendant 25 ans gouverneur. Snoeck 78. Ar. b.c. avec oeuillet.

1885 ? Plaquette ovale en argent, vraisemblablement d'un doyen de la confrérie des charpentiers, dans le champ des instruments et légende *Johann Friederich Kasten.* 1788. Dans un cadre repoussé.

1886 **Bréda.** 1737. Jeton. **Guillaume IV d'Orange** inauguré à Bréda. Armoiries de **Nassau-Orange** et d'**Angleterre** sous une couronne liées aux armoiries de Bréda. Ar. Belle.

1887 **Cologne.** 1730. Marque pour du vin, le centre en cuivre. Ar. b.c.

1888 **Dordrecht.** 1745. Coomans Gilde. Armoiries de Dordrecht. Rev. Balance. Dirks pl. XXXVII n. 2. Ar. F.d.c.

1889 — Même méreau. Ar. Beau.

1890 **Gouda.** Médaille municipale. Ar. Belle.

1891 **Haarlem.** Médaille municipale, avec allusion à la prise de Damiate et à l'invention de la typographie. Ar. 2 ps. variées. b.c.

1892 **La Haye.** Méreau de présence aux funérailles et en cas d'incendie du quartier *„Marché aux herbes"* *(Buurtpenning van de Groenmarkt).* ✠ DE ✠ BVERT ✠ VAN DE ✠ MART. Château avec trois tours accosté de 16 — 38. Revers gravé le n. 39. Revue Belge 1849 p. 494 n. 2. Mm. 40. Ae. Beau. Rare.

1893 — Méreau de présence de la rue Béguines *(Buurtpenning van de Bagijnestraat).* Une béguine avec voile marchant à dr. entre * — *. 16—46 *—* Rev. En 6 lignes. EENDRACH VREEDE ✠ EN GOEDE

STÆT . SI ONDER DE BV—EREN VAN DE — BAGINESTRAET.
Rev. Belge 1859 p. 497 n. 11. Mm. 40. Ae. t.b.c.

1894   Médaille municipale. v. Orden pl. I n. 2. Ar. Belle.

1895   — Médaille municipale. v. Orden pl. I n. 3. Ar. t.b.c.

1896   — Médaille municipale. v. Orden pl. I n. 4. Ar. Belle.

1897   **Hoorn.** Médaille de la confrérie des francs tireurs. PRO . ARIS . AC . FO—CIS. Arquebusier. v. Orden pl. VII n. 2. Mm. 38. Ar. t.b.c. Rare.

1898   **Leiden.** Médaille municipale de Leiden, médaille des gardes civiques de Leiden de 1669 et 1646 et même pièce d'Utrecht de 1661. Ar. 4 ps.

1899   **Muiden.** Petite médaille de la lotterie de la ville de Muiden en mémoire de la paix de Ryswick. Ar. F.d.c.

1900   **Rotterdam.** 1689. Médaille municipale en mémoire du couronnement de **Guillaume III** et de **Marie. Ar.** F.d.c.

VARIA.

1901   Plaquette en étain. Grand nombre de personnes et paysage aquatique. Mm. 155. Beau travail, endommagée.

1902   Plaquette en cuivre. Paysage aquatique, chasseur et pêcheur et des chiens. Mm. 89. Ae. b.c.

1903   Lot de médailles en étain et une plaquette en nacre. 10 pièces.

1904   Lot de plaquettes et médailles en cuivre. 8 ps., intéressant.

1905   Lot de médailles en étain. 14 ps.

1906   Plaquette en cuivre, deux vaches et deux sauvages. Ae. t.b.c.

1907   1581. Le prince **Guillaume I** de **Nassau Orange** inauguré comme seigneur de **Flessingue.** Jeton. Dugn. 2824. Ae t.b.c.

1908—1913. **Guerre de 80 ans.** Chaque numéro un lot intéressant de 10 jetons en cuivre ayant rapport à la guerre de 80 ans. Ae.

1914   Lot de jetons variés. Ae et laiton, 32 pièces.

1915   Lot fort intéressant de 200 monnaies en cuivre de divers pays.

1916   Série fort intéressante de médailles aux bustes des rois et reines d'Angleterre, depuis **Guillaume I le Conquéreur** jusqu'à **George III,** par **Jean Dassier** de **Genève.** 33 pièces. Mm. 41. Br. Belles.

1917   E. **Scribe** auteur dramatique renommé français. Sa tête à dr. par David. Beau grand médaillon uniface par David. Bronze. Mm. 158. Dans un cadre en ébène.

1918   **James Fenimore Cooper** romancier américain. Sa tête à g. par David. Beau grand médaillon uniface. Mm. 150. Br. Cadre en ébène.

1919   **André Chenier** poëte français. Beau médaillon uniface à la tête à dr. par David. Mm. 155. Br. Cadre en ébène.

1920   Série de médailles en bronze par J. **Wiener** avec vues d'églises et édifices, grandeur Mm. 59, et toutes d'une belle conservation.
     a. Dom zu **Bamberg.**
     b. Münsterkirche zu **Bonn.**
     c. Catedral de **Burgos**
     d. Cathédrale de **Chartres**

e. St. Olafs Domkirche i. **Trondjem.**
f. Duomo di **Firenze.**
g. **Lincoln** Cathedral.
h. **Die Walhalla** in München.
i. Notre-Dame Cathédrale de **Paris.**
k. Duomo di **Pisa.**
l. Cathédrale de **Reims**
m. Basilica di S. Paolo a Roma.
n. Duomo de **Siena.**
o. Eglise de Saint Front à **Périgueux.**
p. Basilica de S. Marco in **Venezia.** .
q. St. Stephanskirche in **Wien.**
r. **Westminster** Abbey.
s. **Winchester** Cathedral.
t. Stadhuis te **Amsterdam.**

1921 1813—1863. Jubilé sémi séculaire de l'indépendance des Pays-Bas
   Arrivée du prince souverain **Guillaume (I)** à **Schéveningue,** en haut
   les armoiries des Pays-Bas. GEEN NEDERLAND ZONDER ORANJE
   et à l'entour G. K. VAN HOGENDORP . A. F. VAN DER DUYN
   VAN MAASDAM . L. VAN LIMBURG STIRUM . J. M. KEMPER .
   A. R. FALCK. 1813—1863. Plaquette dans un cadre en ébène. Galvanopl. Originale. Belle. Mm. 270 avec le cadre.

1922 Lot fort intéressant de poids monétaires d'Espagne, de **France.** d'Angleterre, d'Italie, des **Pays-Bas** etc. Ensemble 72 pièces.

1923 Lot intéressant de médailles papales 10 pièces en bronze.

Livres.

1924 **M. T. C. F. N.** Comte **Nahuys.** Histoire numismatique du royaume de
   Hollande sous le règne de S. M. **Louis Napoléon.** Amsterdam 1858.

1925 —— Histoire numismatique de la Hollande pendant la réunion à l'Empire
   Français. Utrecht 1863. *Epuisé.* Rare.

1926 **Médailler.** Armoire en noyer. Belle sculpture. Haut. M. 1.45. Larg.
   M. 0.59. Prof. M. 0 41. Avec 10 tiroirs mesurant, Long. M. 0.40, larg.
   M. 0.30, haut. M. 0.05.

1927 **Médailler.** Armoire en noyer. Belle sculpture. Haut. M. 1.42. Larg.
   M. 0.59. Prof. M. 0.41. Avec 20 tiroirs mesurant. Long. M. 0.40, larg.
   M. 0.31, haut. M. 0.01⁵.

No. 68.

No. 81.

No. 84.

No. 390.

No. 85.

No. 122.

No. 140.

No 111.

N. 164.

No. 179.
No. 278.
No. 114.
No. 206.
No. 301.
No. 300.
PREMIO
DI
VENEZIA

No. 410.   No. 329.   No. 329.

No. 309.   No. 634.   No. 309.

No. 354.   No. 355.

No. 365.   No. 415

No. 615.   No. 430.   No. 615.

No. 504.

No. 594.

No. 507.

No 507.

No. 583.

No. 639.

No. 691.

No. 737.

No. 1080.

No. 1081.

No. 1040.

No. 946.

No. 1175.

No. 300 avers, revers au planche III.

No 1209.

No. 1354.

No 1084.

No 1596

No. 1281.

No. 1282.

No. 1280

VENTES.

En OCTOBRE

Vente d'une collection importante
d'ANTIQUITÉS, TABLEAUX, etc.

Vente de la collection importante de

MONNAIES ET MÉDAILLES,

de l'AMÉRIQUE, des COLONIES-ANGLAISES, HOLLANDAISES,
FRANÇAISES, DANOISES, ESPAGNOLES etc.

de M. le Professeur VILHELM BERGSÖE de Copenhague.

En NOVEMBRE

Collection remarquable d'Antiquités.

SOUS PRESSE

la 2me partie de la collection MOLL etc.

MONNAIES

des Pays-Bas, des Etats divers de l'Europe, trouvailles de
MONNAIES à Heemstede, Driewegen, en Jutland,
et à Amersfoort.

IMPRIMERIE A. J. MICHIELSEN — AMERSFOORT.

www.ingramcontent.com/pod-product-compliance
Lightning Source LLC
LaVergne TN
LVHW021841170726
843503LV00003B/1031